Albert O. Hirschman

Shifting Involvements
Private Interest and Public Action

转变参与
私人利益与公共行动

[美] 艾伯特·O. 赫希曼 著 李增刚 译

上海人民出版社

献给 Lara，Grégoire，Alexander 和 Nicholas

艾伯特·O.赫希曼和《转变参与——私人利益与公共行动》

1998 年诺贝尔经济学奖得主阿玛蒂亚·森（Armatya Sen）在为赫希曼的著作《欲望与利益》出版 20 周年纪念版写的"序言"中指出："艾伯特·赫希曼是当代伟大的知识分子之一。其著作改变了人们对经济发展、社会形势、人类行为以及对确定性、忠诚性和承诺的性质与意义的理解。"[1] 赫希曼人生和学术经历丰富，曾经在多个国家学习、从军和从事研究与教学工作；他的著作涉及政治学、经济学、社会学以及文化等多个学科，内容丰富、思想深刻。

一

赫希曼 1915 年 4 月生于德国柏林。1932—1933 年在柏林大学接受教育；1935—1936 年就读于伦敦经济学院；1936—1938 年在意大利的里雅斯特大学（University of Trieste）学习，并获得经济学博士学位。1941 年移民美国，先后在伯克利（1941—1943）、耶鲁（1956—1958）、哈佛（1964—1974）从事研究和教学工作，直到 1974 年加入普林斯顿大学高级研究所，并于 1985 年在该校退休。他还曾经参加过法国军队（1940）和美国军队（1944—1945），并在美联储工作过（1946—1952）。1952—1956 年任哥伦比亚经济顾问，并于 1958—1964 年在哥伦比亚大学任国际经济关系教授。他还曾经被耶鲁大学、哈佛大学、柏林自由大学、巴黎大学等授予荣誉学位。

赫希曼一生著述颇丰。以英语出版的著作有 14 部，以其他语言出版的著作有 10 部，大部分著作都被翻译成多国语言，如《经济发展战略》（*The Strategy of Economic Development*）被翻译成法语、德语、意大利语、西班牙语、葡萄牙语、瑞典语、日语、印度尼西亚语、孟加拉语和韩语；他曾经在国际一流学术期刊上发表论文 100 多篇，其中《美国经济评论》（*American Economic Review*）10 篇，《经济学季刊》（*Quarterly Journal of Economics*）5 篇。

赫希曼研究的问题在不同时期有很大的变化。在赫希曼的个人网页上，对其不同时期研究主题的概括是："艾伯特·O. 赫希曼一直研究发展的政治经济学。他主要讨论了 20 世纪 60 年代、70 年代拉美国家专制体制出现而 80 年代又回到民主治理模式的经济原因。他将退出—呼吁二分法扩展到了社会生活的各种组织，从家庭到民主德国的衰落。他探索了从马基雅维里到托克维尔社会思想史中对于'利益'与'欲望'的比较。他还写了过去两个世纪中'回应'和'进步'修辞采取的主要形式，表明了某种不变的观点所发挥的强大吸引力。后来，他致力于研究他所谓的'自我颠覆'，系统地回顾了他的基本理论和模型，并且从不同角度对其进行了修正、限定以及复杂化。"[2] 实际上，赫希曼讨论的主题远不止这些，但这些领域却是他整个研究中最为重要、也是最具影响力的。除了在 20 世纪 40 年代主要关注国家经济实力的差异对国际经济关系的影响外，赫希曼主要的研究集中于发展的政治经济学以及与此相关的各种问题。他在 1958 年出版的《经济发展战略》奠定了他在发展经济学领域的重要地位，而后来提出的"退出—呼吁"机制则体现了人们对国家的态度，虽然这部著作将这一机制应用于企业、组织等领域。

二

《转变参与——私人利益与公共行动》是赫希曼于 1982 年出版的一部著作。该书出版后，先后被翻译为法语、意大利语、德语、西班牙语、葡萄牙语和日语等；2002 年，该书出版 20 周年，普林斯顿大学出版社出版了纪念版，并请了康奈尔大学的戈尔德温·史密斯（Goldwin Smith）经济学、伦理学和公共政策教授罗伯特·H. 弗兰克（Robert. H. Frank）作序。国际上许多著名的经济学、政治学、社会学杂志发表了对该书的评论。[3]

在这部著作中，赫希曼教授提出了一个重要的政治经济学问题：人们为什么有时候会积极参与像游行、示威、罢工这些公共活动，而有时候却把更多时间投入到私人事务中？赫希曼发现了这个在私人参与和公共参与之间的循环，即人们有时候会将几乎全部时间投入到私人事务中，有时候会拿出较多的时间参与公共事务，并重点对原因加以解释。他给出了一个看上去简单，但却非常重要的解释：失望。我们会对私人生活感到失望，同时我们也会对参与公共事务感到失望。赫希曼教授在第一、二章讨论了与失望有关的理论，包括失望在人们偏好变化中的作用、失望的类型等；第三章是对新增财富的历史考察；在第四、五章讨论了消费者从私人关注转向公共舞台的问题；第六、七章则讨论了公众参与公共行动遭受的挫折，这成为他们从公共领域转向私人领域的原因；第八章从人们参与公共活动的私人动机，如通过腐败追求私人收益等，回归到人们参与公共活动和私人活动的统一。这样，赫希曼通过公众在私人领域的失望和公共领域的失望，解释了从私人参与到公共参与又回到私人参与的循环过程。

赫希曼教授通过引入"失望"概念解释了私人—公共—私人的循环。从经济学的角度看，"失望"是与效用相对，但又不同于负效用的一个概念。效用体现的是消费或参与活动给人们带来的满足；负效用体现的是消费或参与某种活动不仅没有带来满足，反而造成了损失或不满；而失望可能给人们带来正效用，也可能带来负效用，但与预期目标存在差距。比如，一个人消费某种物品，预期能够产生 10 个单位的效用，但在消费之后却只得到了 5 个单位的效用，那么该消费活动虽然产生了正效用，但消费者却可能由于实际得到的效用与预期效用之间存在差别而感到失望，而这种失望可能成为该消费者从消费一种物品转向消费另一种物品的原因。从规范和实证的角度看，应然和实然之间的差别可能成为失望的根源。应该得到而实际上没有得到，会产生失望；应该实现某种目标而实际上没有实现，会产生失望；应该得到 10 单位的收益而实际上只得到了 5 单位，也会产生失望。

"失望"存在于人们的日常生活中，但经济学家们却很少关注。为什么？从某种意义上讲，这可能与失望是人的一种主观心理感受而无法客观衡量有关。基数效用论强调效用可以用具体的数值表示出来，但却没有办法这样做，因为效用是人们的主观感受；序数效用论克服了基数效用论采用具体数值表示效用的做法，而是采用人们对不同产品组合的偏好比较来反映人们的效用排序，但同样没有解决的问题是不同消费者对不同产品组合的偏好排列存在差别。效用如此，失望也如此。面对同样的情形，不同的人其失望的程度存在差别，相同的人在不同背景下失望的程度也存在差别。从这个角度讲，赫希曼提出用失望来解释人们对公共事务的参与以及从公共事务中的退出，虽然具有重要的理论意义和现实意义，但与主流经济学的发展趋势却不一致。因此，赫希曼的著作虽然涉及政治学、社会学、文化学、经济学等各方面，虽然体现了渊博的知识、深邃的思想、富有洞察力的解释，但却没有完全融入主流经济学，这也难怪阿玛蒂亚·森称其为伟大的知识分子，却没有说他是伟大的经济学家。同时，也正是这个原因，赫希曼的著作引起了社会学家、政治学家等的广泛关注；也正因为此，赫希曼成为普林斯顿大学的社会科学教授（professor of social science），而非经济学教授，虽然赫希曼的研究并未脱离经济学的主题。

无论如何，赫希曼教授的《转变参与——私人利益与公共行动》都是一部伟大的著作，通过浅显易懂的语言解释了许多重要的问题，涉及了多学科的交叉与融合，体现了作者一贯的研究风格和对现实问题观察、思考与研究的敏锐。

三

我大约从 2002 年开始阅读赫希曼教授的著作，最初是《退出、呼吁与忠诚》一书，后来是《欲望与利益》以及他为《新帕尔格雷夫经济学大辞典》写的"多种利益"（interests）、"退出与呼吁"（exit and voice）词条。其所讨论问题的饶有趣味加上他深刻的思想，使我对其著作往往产生一种爱不释手的感觉。

我虽然阅读过赫希曼的一些著作，但当上海人民出版社的范蔚文先生问我是否有意翻译其《转变参与——私人利益与公共行动》一书时，我心中还是存在几分疑虑的，因为赫希曼的著作涉及多个学科，要读懂并且翻译其著作不可避免地需要多学科的宽广知识面。好在网络资源非常丰富，遇到不明白或不熟悉的词语或人名，可以在网上查找。在此，感谢范蔚文先生的信任。

在《转变参与——私人利益与公共行动》英文版寄达的时候，恰逢儿子李希正出生，这给我的生活平添了几分温馨和愉悦。但是，为翻译该著作以及从事其他研究和教学工作，我不得不经常放弃陪儿子的时间，好在母亲和妻子能够理解我的工作，她们承担了几乎全部的照顾孩子的任务。在此，将本译著献给我的母亲、妻子和儿子，以表达对他们的敬意和歉疚。

本书的翻译虽然历时不长，但耗时不少。在此过程中，我查阅了大量的资料，以尽可能准确、无误地表达赫希曼的思想，但仍然可能存在不当之处，还请广大读者批评指正，我的电子邮箱是 casslzg@126.com。

李增刚

2007 年 6 月于山东大学

注　释

[1]　见阿玛蒂亚·森为赫希曼的另一部重要著作《欲望与利益》(*The Passions and the Interest*) 出版 20 周年纪念版写的序。《欲望与利益：资本主义走向胜利前的政治争论》，上海文艺出版社 2003 年版，第 1 页。

[2]　http://www.sss.ias.edu/community/hirschman.php.

[3]　笔者在 Jstor 过刊数据库中进行了搜索，共找到 11 篇书评。分别发表在《经济学文献》(*Journal of Economic Literature*)、《经济学》(*Economica*)、《经济学杂志》(*Economic Journal*)、《美国政治科学评论》(*The American Political Science Review*)、《美国社会学杂志》(*The American Journal of Sociology*) 等上。

序言：关于艾伯特·O.赫希曼《转变参与——私人利益与公共行动》出版20周年

对像温度这类物理现象的估计，背景很重要。例如，哈瓦那的居民在11月份摄氏15度的日子会感觉非常寒冷；而同样摄氏15度对于2月份赫尔辛基的居民而言却是舒适的。当我们评价自己拥有的物品时，背景也同样重要。因此，140平方米的房子对郊区最上层中间阶级的居民而言会小得不舒服，然而对相邻城市中的贫穷居民而言却异常宽敞。不按照这些方式理解"背景非常重要"的分析家会发现，要理解或解释许多普遍的行为是困难的。

批评家经常抱怨新古典经济理论完全忽视了社会背景的作用。作为回应，许多经济学家引用了博弈论的最新成果。在这些著作中，明确假定人们会对其他人将如何解释以及将如何作出反应进行预期，并且在他们自己做决策时考虑这些反应。实际上，这一步是对早期著作的一种完善，那些早期的著作假定决策者完全忽视其他人。即便如此，它仍然构成了社会相互依赖这一受到严格限制的概念。

在最近的一次研讨会上，当主流理论家描述下面的两人博弈时，提供了其如何受限之一瞥。试验者给参与人 A10 美元，并且要求参与人 A 在两个提议中选择，在他自己和参与人 B 之间分享这 10 美元：（1）每人 5 美元；（2）自己 9 美元，参与人 B1 美元。一旦参与人 A 作出了选择，参与人 B 要么选择接受，则博弈结束，每个参与人得到提议的份额；要么选择不接受，则两个参与人什么也得不到。发言者解释道，新古典经济理论预言参与人将提出 9 美元／1 美元的分配方案，因为对参与人 A 而言 9 美元优于 5 美元；并且理性自利的逻辑将使他认为参与人 B 会接受这个提议，因为得到 1 美元将比什么也得不到要好。"实际上，大多数人不是会拒绝这样的单方提议吗？"坐在听众席上的一位研究生问道，他意识到对参与人 B 来说，1 美元的吸引力要依据他所处的背景来决定。发言者回答道："但那仅仅是个恶意的做法！"他明显感觉到自己已经解决了这个问题。问题是在全世界的实验室试验中，参与人 A 很少会作出预测中的单方提议，并且当他真这样做时，参与人 B 通常会拒绝。

如果我们相信人们在这种情况下对他们自己动机的描述，那么像恶意这样的东西在他们的拒绝中确实起了一定的作用。现在的年轻经济学家好像并未因这种动机在社会行为中表现出的可能性而感到震惊。相反，这群人中的某些聪明者——包括最近享有很高专业声望的约翰·贝茨·克拉克奖得主——正在尽力拓展理性经济模型以包含它们。

事情并不总是如此。20 年前，经济学专业最有成就的一些成员勉强承认，人们在某种显著的程度上偏离了狭隘的理性选择模型的预期。

艾伯特·O. 赫希曼通常都是一个显著的例外。当狭隘的理性选择模型坚持人们将不会自愿对公共产品的提供作出贡献时，他已经指出成千上万的人们多次作出过这种贡献，并且通常要自己承担很高的成本。在《转变参与》一书中，他的伟大目标不仅在于解释人们为什么会承担这种成本，还在于解释他们为什么会以循环往复的模式这样做。

当普林斯顿大学出版社邀请我为这部简短的伟大著作出版 20 周年纪念版写一篇"序言"的时候，我正在巴黎休假。由于这本书第一次出版时我就非常喜欢和推崇，因此我立即就同意了。由于我把我的那本书留在了纽约伊萨卡的家中，因此我要求编辑另寄一本给我，以便我在坐下来写这篇序言前重新阅读。

在这本书寄送的那段时间里，我禁不住从记忆中重构赫希曼教授的观点。对他作为社会行为分析家技能的赞美在于我发现这种努力的结果是如此激动人心——并且总是如此，因为我在第二次阅读时发现我重构的细节跟他的原始观点很少类似。

对于他尽力解释的现象，凭记忆就足够了。他的基本观察——即他采用现代西方民主国家的例子非常有说服力地阐明的——就是，社会好像是按照严格的 20 年一个周期在私人的可获得与公共精神两种模式之间摇摆不定，例如，艾森豪威尔时代的私人消费倾向为肯尼迪-约翰逊时代的激进主义铺平了道路。我的第二遍阅读证实了我的记忆，这是一个值得认真解释的真实现象。

然而，在我重构赫希曼教授解释的细节时，记忆的作用就不是那么好。或者可以更精确地说，是赫希曼教授的原创性观点激励我按照新的方式思考他尽力解释的那类现象。

赫希曼教授将它的解释描述为失望理论。在消费强劲增长时期，人们对突然能够支付得起的新的耐用消费品有很高的期望，结果却发现这些期望很少得到调整。这里，他引用了蒂伯·西托夫斯基（Tibor Scitovsky）对于舒适（相关欲望得到满足的状态）和愉悦（伴随满足欲望过程的实际感觉）之间差异的讨论。吃饭缓解饥饿，读一本好的小说能够缓解疲劳。采用西托夫斯基的术语，这两种经验都是愉悦的持续可靠的源泉，因为它们满足的欲望是重复发生的。有效的空气控制系统在你初次购买它时也会产生令人愉悦的感觉，但那种体验是非常短暂的。一旦你习惯了，就不再让你持续感到舒服——如果对非耐用品的体验让你预期到持续的愉悦感觉，那它带给你的很可能不再是小满足而是失望。

赫希曼认为，对私人消费经验失望的那些人在社区运动招募中会成为成熟的候选人。他承认，在这类运动中，要求参与者付出的时间是一种实际成本。但是，他又接着指出，集体行动也可能散布这种人们发现的体验——作为私人消费者消失在他们的生活中。在强度上，他们更像是饿了很长时间之后吃的一顿饭，而不是更像一度长时间地坐在空气得到控制的房间中。

赫希曼教授的一个案例研究是 1968 年席卷美国和欧洲的反抗运动。怀疑论者对这些反抗运动中参与者承担巨额成本的程度表示怀疑。那个时期，我正在伯克利读研究生，我回想起，我们参加由反抗运动组织的免费摇滚音乐会的自觉性可能不会成为表明我们反对越南战争程度的最有效方式。然而，毫无疑问的是，许多人实际上为参加这些运动支付了很高的成本。同样毫无疑问的是，许多人在回忆这段经历时都带着真切的满足感。

那么，反抗运动为什么实际上没有让这种情形占据主要地位呢？赫希曼回答道，在经济高涨时期，随着耐用消费品的不断增加，对政治行动的长期参与最终导致失望。一方面，它最终需要的时间和精力远比大多数参与者预期的多得多（尽力回忆结束时间比你预期要早的最近一次会议！）另一方面，许多参与者好像对他们承担这些成本而其他人不承担的事实变得更加敏感。在不断增加的受挫浪潮中，当对私人追求的回归变得越来越具有吸引力的时候，循环就完成了——既然许多参与者会在私人环境中忘记他们更早期的失望，情况就更加如此了。

我记得赫希曼的观点不是关于失望的，而是关于背景的。正如他所承认的，道德满足是让人们承担社区运动参与成本的回报之一。然而，一个人必须从道德信誉中获益的标准是有弹性的——也就是说，当我们的合作越来越有效力的时候，我们就越难以符合道德承认的标准。例如一项慈善活动由二手车销售商实施要比由一个大主教实施要求更高的道德承认。随着越来越多的人接受集体行动的要求，无论是开始参与还是一直参与都越来越难以实现道德满足。这样，问题就不再是人们对他们参与的具体结果感到失望，也不是对超出他们预期的高昂参与成本感到失望，问题可能仅仅在于参与者越来越难以获得道德信誉。一旦努力和回报之间的不平衡变得足够大，人们的注意力就会转向另一种追求。在这个问题上，公共参与循环背后的驱动力也可能被看作失望的一种形式。但是，失望的特定根源远不同于赫希曼所思考的。

相互对应的是，我的重构与赫希曼最初的观点好像和我最初的想法稍微不同，但事实上存在好几个相同的核心特征。实际上，他整个的阐述可以被看作一个大纲，即许多重要行为不参照社会背景就根本无法理解。最终，他的观点就是一个人如果不首先指出每种情况下参照的合适框架，就不能评价从私人消费或公共参与中获得的满足程度。正如他足够清楚地表明的，在一种环境下证明是令人满意的行动，在另一种情况下同样的行动可能就会被证明是完全相反的。

当然，赫希曼教授不是第一个抛弃狭隘理性选择模型约束的社会科学家。例如，心理学家和社会学家通常会强调社会力量如何影响私人决策。赫希曼与其他大多数人不同的是，他是在深层次上理解传统模型。很清楚，他赞赏其逻辑和解释力。他的目标不是抛弃模型，而是说服我们考虑模型的一个更加详细的版本，即一个包含了社会背景起核心作用的版本。

这项工作是重要的，因为社会背景很重要。实际上，基于我们所拥有的有限证据，它好像比理性选择传统模型所强调的其他解释力更加重要得多。尽管通常难以预测观念的影响，但打个似乎安全的赌，在我们对社会和经济行为的解释中，10 年后社会背景和社会影响将无疑比今天表现得更加突出。

社会背景不仅影响我们采取的行动和我们对人类行为的理解，而且还影响我们对新观念的接受本身。在专业人士还没有好好考虑其犯下的严重错误时，《转变参与》就已经出版了。我相信，这有助于解释为什么赫希曼的这部著作不如他的其他著作——如《欲望与利益》（*The Passions and the Interests*）和《退出、呼吁和忠诚》（*Exit, Voice and Loyalty*）著名的原因。《转变参与》的 20 周年纪念版在一个非常有利的时候出版了。还不熟悉这部富有洞见性著作的学者们很快就会发现，它对我们当前研究计划中的许多最紧迫的问题直接阐明了观点。

罗伯特·H. 弗兰克（Robert H. Frank）

于康奈尔大学

前　言

　　我不太确信这部著作是否有资格成为社会科学的著作。它是如此直接地关注变迁与剧变，关注个人与社会，以至于我有时候会产生这样一种感觉：我在写一部教育小说（Bildungsroman）的概念性框架（就像通常在小说中看到的，许多自传性的文字混杂各处）。

　　派别的这种模糊不清没有妨碍我，但它确实需要付出代价。我已经尽力进行不同的转向和转型，这些都尽可能被体现在本书中。但是坦率地说，它们缺乏肯定，并且不能够实现一般性，而这一点是社会科学在提出假说时所要求的。就像许多这类要求被证明是多余的一样，我很可能也无需担心。

　　在任何情况下，这种冒险都并非完全依赖于我整个研究计划的成功。我将要进行的整个研究进程允许对由其产生的各方面进行精细探索，这包括许多其他的观察、对传统消费理论的批评、对集体行动的更好理解以及对普选权的新解释。在我获得这些副产品的同时，我的信心因整个冒险得以调整而提高了，而这仅仅是因为其明显的启发价值。

1978 年，普林斯顿大学的艾略特·贾维（Eliot Janeway）历史经济学讲座为我提供了写作本书的最初激励。这些讲座——1979 年 9 月我以"个人和公共幸福：追求和失望"为题进行了讲座——的一个目的是为了纪念约瑟夫·熊彼特的智力遗产。我相信，我对经济、社会和政治秩序中表现出来的不足的研究遵循了熊彼特传统。

最早的时候，本书的部分草稿在斯坦福和耶鲁高级研究中心以及在佛罗伦萨的欧洲大学研究中心的研讨会上进行了集中讨论。通过这些以及此后的一系列机会，我跟很多同事讨论了我的观点，有的是口头上的，有的是通过书面通信；我不可能将他们的名字全部列出，而仅仅列出其中少数人的名字又不公平。其中一些评论者会发现他们的名字在脚注中有所引用。我从来没有收到过如此多又如此好并且恰好可以融入著作中的建议，以至于我有时候会感到自己从一个作者变成了一个编者。很可能这些好建议的价值源于本书的特点，源于它越来越接近于成为一本"概念性小说"。每个读过本书早期片段的人都希望英雄的做事风格会变得稍微不同或者能对她或他的行为有不同的解释。我非常感谢所有这些非常优秀的人士丰富了我的研究计划。

艾伯特·O. 赫希曼

1981 年 4 月于普林斯顿，新泽西

目 录

引言：私人—公共循环？

　　我于 1978 年 6 月在巴黎开始写作本书。当时，在那里为纪念 1968 年西欧、北美和南美以及日本发生的大量市民参与的示威游行、学生起义、罢工和其他公共行动十周年的论文，甚至著作大量涌现。许多评论家注意到这种现象看上去好像非常遥远。实际上，在如此短时间内发生的情绪变化非常巨大。"1968年精神"的一个重要因素是对公共问题——战争与和平、更大的平等、决策参与——的突然且不可抗拒的关注。在这些"令人困惑"的事情发生的所有国家中，这种关注是在个人经济状况好转一长段时期并且明显地充分惠及大部分人群之后提高的。尽管这些事情发生的时候没有得到多少理解，但现在被归类为非正常的狂想性插曲；在 70 年代，人们重新开始广泛关注他们的私人利益；在几乎每个地方，这些此前容易进行的运动发生的时间越早，为不确定性和危机留下的空间就越大。这样，在从 50 年代到 60 年代转变，再到 70 年代转变，以及更早时期发生的其他这类转变就提出了这样一个问题：我们的社会是否以某种方式被预先安排在下面两个时期之间摆动，即密切关注公共问题的时期与几乎完全集中关注个人提高和私人福利目标的时期。在提出那个问题时，我当然已经拥有了许多观点以表明一种确定的答案。但是，在将它们表述出来之前，我希望强调整个研究计划的尝试性和投机性特征。特别地，我不能够证明像经济学家在传统上已经提出的周期之类的东西存在，也就是说，周期是完全规则时期的摇摆运动，比如基钦周期、朱格拉周期或康德拉基耶夫周期。我的研究计划至多与康德拉基耶夫周期有些共同点，因为其持续时间是如此之长（50—60 年），以至于对到目前为止尚有限的资本主义历史经验，我们还不能够确定它是否真正存在。

任何集体行动循环理论的构建都必须面对一个困难的任务。为了具有说服力，这样的理论必须是内生的：必须表明一种状态必然源于前一种状态（用马克思的语言来说，就是源于其矛盾），就像任何有用的经济周期理论必须能够表明经济衰退或繁荣必定源于之前的高涨或崩溃，反之亦然。如果能够表明像战争或重大发明之类的外部事件在形成这种周期性转折点上起决定性作用的话，那么循环就是外生决定的，除非能够表明这些事件在现实中不是外在的，而是可以理解为是繁荣或衰退的结果。

在沿着公共—私人层面集体行动变化的情况中，通常将大部分原因归结为外部事件。当大量的市民被唤醒参与集体行动时，直接原因通常可以在外敌入侵、严重压迫或者就像托克维尔指出的改革开始时找到。同样，当市民完全将注意力放在私人事务上时，这种行为通常能够追溯到那段时期发生的对经济改进的例外机会，或者采用比较的方式，可以追溯到日益严重的经济困难，这迫使他们集中精力寻找工作、保持就业并实现自己的目标。另一个重要的外生因素是外部压力和约束的程度与变化：当一个人通过参与活动只浪费些时间要比因此冒被杀头的风险，更容易参与公共抗争。

很明显，这些**引领**人们参与这种或那种行动的外部影响和力量必定是集体行动改变的全部历史的原因中的一部分。事实上，在这些原因中它们已经在传统上被赋予了第一位的，甚至是排他性的位置。这个特殊的经验就是采取相反方向的一个非常好的原因：即为了引起对被忽视的**推动**因素的注意，而这些因素可能深藏在被记录下来的行为变化背后面。当众多个人在一段时间要么处于私人氛围，要么处于公共氛围，并且对随后的经验进行评价的时候，这些因素就会导致他们的个人偏好发生转变。

有时候，对内生因素的正确评价会相当大地丰富从私人氛围到公共氛围转变的传统解释。一个例子就是第一次世界大战。现代战争是如此强烈的事件，以至于它们会引起对实际上必需的公共事务的更大关注，但是它们的爆发通常用外交冲突、经济竞争或者意识形态冲突等来解释，而不是用部分市民更渴望参与公共事务来解释。然而，后一种解释远不如第一种听起来更牵强。在第一次世界大战之前，欧洲经历了长期和平和日益增加的繁荣，于是在中产阶级和上层阶级的重要部门中，产生了反对资产阶级秩序、僵化、贪婪、卑鄙的强烈感情。[1] 对这些集团来说，战争的爆发就成为对疲倦和空虚的释放，成为渴望超越社会阶级的许诺，成为对英雄行为和牺牲的迟到回归。当时，像斯蒂芬·茨威格（Stefan Zweig）这样的作家甚至试图采用那类术语来解释欧洲为什么在 1914 年发生了战争。[2] 无疑，这是过分的；但是在战争之前积累起来的对长期和平"物质主义"时代的不满确实可以在很大程度上解释其最初让人吃惊的普遍性，而这种普遍性又解释了战争采取的形式，还包括战争的长度和强度。在保罗·富塞尔（Paul Fussell）颇有影响力的研究《大战与现代记忆》中，他通过图片的形式展示了"'上升的'，但主要是封建的语言"，由于战争的原因，这种语言立即得到了广泛运用。[3] 这种语言反映了一种反对资产阶级的、支持英雄的意识形态立场，那些将军们长期拒绝承认堑壕战的非英雄现实，并因此导致悲剧性灾难，这一立场应为此承担部分责任。

看上去，对沿着私人—公共轴线发展的集体行为转变之内生因素的强调可以引出关于重要转折点的新洞见。一般来说，本书的目标在于纠正原来归因的外生偏向，并且还在于作为新的不同选择的重要决定因素，对人们关于他们自己经验和选择的重要评价赋予提高的作用。按照这种方式，人类的感知、自我感知和对事物的解释应该与他们阐明事件时协调一致。

最后，关于本书中使用的私人—公共二分法的含义，必须给出一点引言性说明。两个术语中的任何一个都包含有些许困难：**公共**行动，按照**公共**利益采取的行动，**为公共**幸福进行的努力——所有这些都是指政治现实中的行动，指市民对公民或社团事务的参与。公共的反义词更成问题。这种古老的对比，从亚里士多德一直到文艺复兴时期都进行了大量的讨论，就在**现实生活**（可以精确地理解为对公共、公众事务的积极参与）和**精神生活**（它是指从现实生活退出，为了精神和哲学沉思的目的而避免参与琐碎的争斗和躁动）之间。[4] 尽管有些精神生活可以或有时候被标上了"私人的"标签，然而应当清楚的是：它并非作为本书主题的私人生活的类型。而且，按照非常现代的脉络，我在本书中区分了**现实生活的两种类型**：一类是**传统的**现实生活，它在整体上关注公共事务；另一类是为了追求个人及家庭更好的生活，"更好的"主要理解为不断提高的物质福利。当然，这是今天关于追求公共利益和关注私人利益之间比较的普遍含义。

关于为公共利益而行动的普遍被接受的反义词的这种变化给我的研究提供了一个时间维度。在更早时期，"上流人"被认为主要是面临着公共生活或为了沉思目的而从中退出之间的选择。他们很少将注意力放在这些方面——奴隶、农奴或不幸之人，他们将大部分时间花费在维持自己的生活上。很奇怪，相当近期的一个发现是：存在一类非常积极的生活——这些生活甚至是相当一部分上层人士自己从事的，他们一点也不关心公共产品，但直接致力于个人财富的生产和积累。它是随着 17、18 世纪商业和工业的兴起而慢慢形成的，并且仅仅到了 19 世纪早期，它才明确地融入本杰明·康斯坦特（Benjamin Constant）的政治思想中（见第六章）。同期，最直接相关的是这样一种思想的出现：追求个人物质利益是人类行为的完全合法形式。从社会的观点来看，这种行为事实上可能偏向于对公共事务密切参与的一种生活。由于人们更危险的感情，比如野心、妒忌以及对荣誉和权力不计后果的追求，这种生活现在被看作是特权领域。

因此，作为本书的主题，私人—公共二分法跟我最近的一本思想史著作《欲望与利益》（*The Passions and the Interests*，Princeton University Press，1977）有很多共同点。但是，在这本书中我是以完全不同的方式进行分析的。在我有时涉足政治和思想史的时候，我的主要目的不是历史学的，而是尽力于参与和失望的现象学，其意思是对从私人关注到公共行动以及相反方向的摇摆。就这样一项事业的属性而言，本研究不局限于特定的历史时期，而在于致力描述长期发生过程的一般特征。然而，正如本书所理解的，我对私人—公共二分法出现的观察提供了一个历史时间框架：只有当对私人利益的追求被广泛而明确地视为对公共事务参与的严肃竞争，本书所描述的私人—公共循环才可以宣称其存在。

注　释

[1]　Eric J.Leed，"Class and Disillusionment in World War I"，*Journal of Modern History* 50（December 1978），pp.680—699.

[2]　Leed，p.685.

[3]　New York and London：Oxford University Press，1975，pp.21—23. 具有讽刺意味的是，就像英国转向了封建语言，并作为侠义战斗的机会参与了战争，德国公开指责它除了作为卑鄙的商人外什么也不是，并将英雄主义宣称为它们的排他性遗产。这是温奈·斯莫巴特著名的小册子 *Händler and Helden*（Leipzig：Duncker & Humblot，1915）中的表述。在这本小册子中，德国当然被描述为"Helden"（英雄），英国被描述为卑微的"Händler"（交易者、商人、店主）。

[4]　汉娜·阿伦特的著作《人的条件》（*The Human Condition*，Chicago：University of Chicago Press，1958）就是从现实生活和精神生活的广泛讨论开始的。

第一章

论失望

失望在偏好变化中的作用

就像刚刚提到的，我的主题可以被视为一个更一般问题的特殊情形：如何解释偏好改变，而不是从私人导向的行为到公共导向的行为或者相反。这个问题更像是从商品 A 到商品 B 或者从行为 A 到行为 B。既然口味或偏好的改变是一个不可否认的重要事实，特别是在西方社会，那么我们可能会认为已经积累起了讨论这个问题的大量文献。事实上，至少就经济学而言，这种期望是完全相反的。原因在于经济分析是建立在偏好基础上的，而作为生理需要、心理和文化倾向的结果，偏好是给定的（即使它们可能偶尔会改变）。我们可以引证大量经济学家和经济学著作得出这种结果，即经济学没有专门讨论为什么偏好就是那样的原因，并且在否定的意义上隐含着：对经济学家而言，研究偏好如何以及为什么改变并不十分合适。

这些关于"科学的、实证的"经济学的适当知识领域的观点经常以如此令人生气的语调、如此进攻性的方式作出，以至于我们在这里完全可以怀疑其基本的敏感性和脆弱性。实际上，很久以来，对正统经济学的批评已经将宣称给定的口味和偏好融入他们对新古典大厦发起进攻的一个基本目标中。"消费者主权"概念的含义是消费者具有独立的已经习惯的口味，并且能够通过他们在市场上的货币"投票"让生产者遵从他们的意愿，这个概念受到了约翰·肯尼思·加尔布雷思（John Kenneth Galbraith）和其他人的大量嘲讽，他们强调消费者口味受生产决定和大公司广告的影响。

另外，对新古典分析整个结构不是特别敌对，但仅在重要领域对其原则的特定不可知论不满的经济学家，最近已经开始将口味的变化引入他们的消费者和市场行为模型中。[1] 事实上，著名经济学家蒂博·西托夫斯基（Tibor Scitovsky）已经进行了原创性且富有刺激性的努力，通过引入现代心理学，定义了我们对消费者满意之性质和构成要素的理解。在这个过程中，他对偏好形成问题作了大量的贡献。[2]

我希望在本书中提出的方法完全不同于其他大部分的著作。由于这个原因，我将会采用非常简单的方式提出这种方法，我只是少量地参考了比如西托夫斯基的著作，它在一些重要的方面跟我的著作相关。

我的基本观点可以简单概括为：与人们参与公共事务是因为

希望其能够产生满足一样，人们的消费行为也会产生失望和不满。他们这样是出于不同的原因，并且会采取不同的方式，有不同的程度，但在失望未被预期到的同时向下调整完全消除的意义上，消费或时间运用的模式产生于自身，运用一句广为流传的比喻就是"播下了自身毁灭的种子"。容易看出，甚至在讨论的最初阶段，这个一般性的假说如何产生了对消费者行为和市民行动系统性变化的解释。

我的任务是阐明我刚刚提出来的假说的解释力。但那在现实中是必要的吗？在我们隐隐约约的知觉中，以及从诗人和哲学家的著作中，难道我们都不知道：经历失望和不满是人类永恒的命运，如果不考虑目标，它们是荣誉、财富还是权力？下面，我将再回到这样一个观念：与动物相比，人类永不知足，从本质上永不满足、贪得无厌是他们的本性。现在，我将引用关于这个结果最简单的观点，据说这是康德（Kant）在跟俄国历史学家卡拉姆津（Karamzin）谈话时提到的："给一个人他想要的东西，然而就在同时，他就会觉得这个东西什么都不是了。"[3] 在这里，我们将其与容易满足的动物进行一个隐含比较，表明甚至在最大限度内，失望也是人类经验的一个中心要素。这种所谓的人类本性特征通常与人类的死亡率有关，与人类对这种死亡率的意识有关；它也是关于上帝存在性讨论的出发点。

三个观点是恰当的。第一，最好知道我们概念的这个人类本性的层次：尽管这个概念被排除在大部分讨论之外，但它不得不隐含在背景中。第二，浏览一下围绕这个问题的知识史将很可能发现：对人类本性中"贪得无厌"、"永不满足"的强调是西方文明某段特殊时期的特征，这因此可能告诉我们某些非常有用的观点，即关于历史上某个地方、某个时期对物质财富失望感情的特殊强度和流行程度（见第三章）。第三，在解释失望时，本书没有尽力求助于人类本性，而是试图将它与经济结构和发展的特定方面联系在一起。如果经济学家们完全忽视这种现象，这很可能恰好是因为他们认为它只有形而上学或"人类本性"的方面，而忽视这一点是安全的，因为它完全相同地影响所有的人类消费行为，这会导致对所有满意完全相同的"轻视"，就像它本来的那样。失望的倾向可以被视为人类本性中的不幸和荒谬的巧合，如果人类是一个更加"理性的主体"，它实际上不应该这样。如果考虑到基本需要，并且福利——采用消费和闲暇来衡量——是不断上升的，人们应该感觉更舒服——如果他们不这样，并且感觉更加糟糕：经济学家却认为他们生活得更好了！

因此，可能的是，通常人类失望的天性隐藏在对事实的观察上，即在不同时期失望的发生和强度存在重要的差异，并且跟不同的行为和商品相关。无论如何，我在本书中都将学习前人的做法，并且按照人们实际的行事方式而不是某些权威（在这种情况下，主要是一些经济学家）认为的人们应该的行事方式来处理他们的行为。为了推动这项研究的进程，我首先注意了人类消费的某些主要特征，很奇怪，人类消费好像逃避了详细审查。

　　实际上从事任何行动——包括消费——之前，人们会形成这样做的计划。这个计划的一部分是关于其性质、关于其将要产生的满足感的类型和程度的某种精神想象或预期。伴随其预期的该计划的独立存在意味着，当计划实施的时候，即当消费实际发生的时候，它完全不同于其可能经历的现实。因此，这要么出现失望的可能性，要么出现相反情形的可能性。很少有注意力集中在后一种情形，仅仅是因为相对于前者它可能不经常发生。我们研究的这种偏见在同样的语境中发现了某些证据：在任何语言中，失望的反义词都远不止一个，我们必须设法处理像"愉快的惊奇"（pleasant surprise）[4] 这类委婉的表达。原因很可能在于超越现实的预期比超越预期的现实更加普遍得多。如果我们看一下"失望"的德语单词——Enttäuschung（dis-deception，并非欺骗），这一点就会得到确证。这里，"预期错误"（expectations-gone-wrong）的一般含义已经被其形式中的一种所掩盖：根据字面意思，这个单词的含义是在判断中并未犯下错误或过失，因此它可能被当作是指任何想象类型的错误预期；但它具有失望的特定含义，主要是因为大多数时候实际上犯下的错误就是那些过于远离现实的预期。[5] 要注意的是，当语言是现实经验而非预期的事物时，它不具有同样的失望偏见：有一些术语——像快乐

（happiness）、高兴（joy）、极乐（bliss）等——表示这一类令人高兴的经历。至于预期和经验的对应，这使语言的不对称性更加重要了。

严肃对待失望

如果给出了失望概念的本来含义，集体行动中的许多变化就越来越可以理解了。这个论点的说服力将在随后的几章中进行检验，那几章将采用对私人幸福和公共幸福相互替代的追求来探索失望的各种形式。但是，在正式进行这些讨论之前，由我选择的主题所产生的一些一般问题必须讨论。

首先考虑对预期研究在方法论上的反对。本书的观点主要采用单个消费者—市民的经验或者最多采用单个家庭的经验。结果，就出现了大家熟悉的微观—宏观问题。假如一个针对私人—公共—私人循环（由于接下来的失望）颇有说服力的事实是在单个人背景下给出的，那么在社会层次上这意味着什么呢？不是所有的情形都必然如此：对私人消费活动（或公共努力）的总体失望随着时间而可能严格一致，而由他组成的消费者—市民集团又会反过来成为失望的受害者。这可能是个事实，例如如果失望仅与年龄和生命周期相关，如果婴儿的出生率没有大幅度的上升和下降。[6] 但是，如果重要社会集团同时还经历了伴随高于平均失望潜在可能性的新的消费经历，总体失望就会随时间而变化。在我尽力弄明白为什么大集团的人们有时候会为了追求不同类型的幸福而聚集在一起的原因时，这些就是我主要关注的过程。因此，我特别注意了大量消费的结构变化，而这发生在经济增长和发展的过程中，并且可能伴随着更具体失望类型的产生，下面将对此进行简短讨论。

从某种意义上，本书的方法产生了关于实际私人—公共循环存在性的质疑。大概而言，循环可被定义为一个过程，在这个过程中，相同的力量对经济或社会从一个阶段转向下一个阶段一再起作用。但是，如果失望产生的力量主要与特定的并因而是历史增长过程的非现实阶段相联系的话，那么就不能保证这样的力量将会一再出现。然而，在资本主义发展过程中，失望或巨变的某些类似运动一再表现出来，尽管产生这些运动的特定消费经验在不同时期是不同的。我将会在第三章反观这种奇怪的现象，并进一步探讨其中的某些原因。

另外，不可否认的是，许多特定的外部事件（战争、革命等）在公共事务参与程度的突然迅速提高中起着非常重要的作用。就像在"引言"中所指出的，这类事件部分是由于上一个私人阶段的失望引起的，但是一旦它们发生，它们就会吸引所有类型的人，并因而导致对公共事务的同样关注，产生公共—私人循环。在经济迅速增长时期，这同样是正确的——增长同样引导大量的人在一段时间集中于他们的私人事务，结果是在经历了那个阶段表现出来的失望经验之后，他们将集中在一起。[7]

　　下面，我将会处理两种反对强调失望作为人类事务驱动力的观点。第一种观点源于认知不一致的心理学理论。根据这种理论，从事买卖或作出许诺的人们，在隐瞒倾向于表明他们已经犯了错误或正处于失望的证据和信息中，为了心灵平和与"认知一致"的目的，将会竭尽全力。对这个理论的一个最早期最著名的应用就是，汽车购买者在购买之前将会阅读各种各样的汽车广告，但是一旦他们选择了比如雪佛兰（Chevrolet）这个牌子，他们就会集中看雪佛兰的广告。因此，他们会寻找能证明他们判断正确的信息，并避免"不一致"的信息。无疑，这是一个非常有意思的发现，尽管从历史视角来看，它好像以 20 世纪 50 年代的因循守旧为条件，但实际上在这 10 年中提出了该理论。[8] 但其意图不可能是废除失望，否定其作为人类经验的存在或重要性。当然，雪佛兰汽车的购买者——他的汽车可能发生了气缸体的破裂导致白烟从车尾的排气管中排出 [9] ——不可能通过提高阅读雪佛兰广告的速度来对这种灾祸作出反应！很显然，认知不一致理论提出的这类自欺具有很多局限性。

　　事实上，理论的发现可以重新解释：对所经历现实的否定验证了失望经验的威力和有效性。在向我们自己承认我们失望之前，我们致力于所有类型的阴谋诡计和滞后行为，当然部分是因为我们知道失望可能会强迫我们对自己的偏好和优先次序进行痛苦的再评价。同时，这些心理过程的知识为理解失望经历的可能形式提供了条件。在得到有意识的承认之前，失望通常不得不跨过特定的门槛——但是，仅仅是因为更早时期的滞后行动，它可能就会经历"复仇"。[10]

对强调失望概念如此重要的第二个反对源于经济学家关于理性行为和学习的通常假设。经济学家们不担心不同消费经历失望潜在性的一个原因在于完全知识的古典假定。根据这个假定，认为人们会根据他们的偏好来校准他们的购买和时间运用，这对他们是完全知道的，反对有效消费经验同样也是众所周知的。在这些非现实环境下，以下这一观念几乎被排除在定义之外，即你可能会发现在消费活动中你的**真实**偏好，但作为结果，你仍可能会改变你先前的偏好。利用赫伯特·西蒙（Herbert Simon）和查尔斯·E. 林德布鲁姆（Charles E. Lindblom）的早期建议，一般的决策理论在最近的二三十年中通过考虑不确定性、无知和复杂性等，已经变得更加诡辩；更加特殊的是，许多作者已经承认，作为通过自己行动和经验获取信息的结果，决策者将会改变他们的概率和他们的效用。[11]但是，从这些观念得出的模型仍然保持着很高的吸引力水平，并且从来没有被应用于消费理论。

碰巧的是，一个重要的消费者购买集团不可能通过古典的、简单的完全信息假定来很好地模型化。大部分消费具有典型的反复性，因此消费者都很清楚他们的口味和能够满足他们的商品。结果，期望和经历之间的差距实际上很小，消费者可以通过降低期望、下一次改变购买或两者并用，来持续很快地缩小这种差距。这个观察产生了第一种分类，它立即揭示出长期和严重失望的潜在可能性随着购买从一种类型变化到另一种类型而有很大变化：从此前的失望得到教训和作出反应是容易的、迅速的，并且当购买频繁地重复发生时，只会导致消费边际的再安排。举个例子就是食物和其他非耐用品，这些是我们每天都会消费的，其价值相对于收入而言低得多。在这种购买情形中，任何失望经历都会合并到消费者对不同商品的比较评价中，并且期望和经验之间的差距从来不会长期存在。在这些条件下，失望可能会平稳地实现自己的价值（self-liquidating）。如果购买的商品是耐用的、唯一的以及（或者）其价值相对于收入是如此之大以至于其购买不可能或者不必经常重复发生（或者是在确定的唯一商品上），那么情况将会有很大不同。而且，在耐用品情况下，它们将一直放在身边从而成为可能已经发生的失望之重要提醒。在这种情况下，失望可能会相对固化，即不能够轻易地实现自己的价值；它也会吸引经历过的那些人，可能会导致独立存在，并影响社会和文化环境。最重要的是，它很可能会产生消费和行为模式的改变，并且决不仅仅是在边际上。

在本书中，我主要处理这种比较固化的失望。借用生态学和污染方面的语言，我们可以称之为"不能够生物降解的"（nonbiodegradable）。考虑到所包含商品和服务的性质，失望之不能够生物降解的多样性将主要发生在比较富裕的社会，特别是在对这些商品的大量需求初次表现出来的社会，即正在向更加富裕转型的社会。具体例子将会在第二章中给出。但是，即使是在日常的、重复发生的消费经历中，人们对失望的反应要么采取立即转化为其他样式的形式，要么采取下一次期望的大小下降的形式，调整并不像听起来那样平稳。向其他形式的转变造成了搜寻成本，期望的大小下降也不是无成本的：其必要性本身就被感觉到是一种损失和失望。

关于这种渐进方法，消费者能够以这种方式逐渐校准他们购买量的观念，对每种商品而言，购买的最优数量一般是不相关的，当然对某些商品比对其他商品更是如此。过量购买的消费者以及随后的对其失望恰好是市场过程"不一致"的一部分，这种市场过程类似于一般的人类经验，而这一点是威廉·布莱克（William Blake）在写下"你从来不知道多少是足够的，除非你知道多少已经超出了足够的程度"[12] 时考虑到的。

在捍卫了对我所强调的失望经历重要性的可能反对之后，我准备转向进攻。用为了对失望的与众不同的浪潮作出反应而经历了系统偏好转变的消费者—市民模型作武装，我不仅能够对消费者满足经济分析的现实性提出质疑，而且能够对人类幸福重要因素之更宽泛的社会学观点的现实性提出质疑。

首先看一下对消费者众所周知的经济分析：个人有不同的需要和欲望，在给定的市场价格和收入／闲暇偏好下，他们为了达到某种最优状态而作出选择和权衡。当然，经济学家意识到某些具有更高价值的追求——比如结交朋友和维系家庭纽带、参与公共事务等——没有明显的价格，但是这种含义被下面的观察简单地处理了，即所有的追求都花费时间，因而都具有以收入（以及花费时间的消费活动）衡量的隐含价格。[13]

其他社会科学家已经对这种模型化人类寻找满足和幸福的方式提出了批评。首先，他们对把所有摇摆尾巴的动物都弄成狗的经济学家提出了责难，这些经济学家将适合市场的分析拓展到了所有其他人类行为。他们的研究表明："商品本身以及购买他们的收入，跟使人们幸福的东西——自治、自尊、家庭幸福、放松压力的闲暇、友情——只有非常弱的关联。"[14] 其次，货币和非货币需求不仅难以区分，而且社会安排通常只有特定的影响和大概的目的，像崇拜、悲恸、串门、参与公共事务（通过选举和其他方式）与创造收入的活动或消费活动不可比——确切地说，刚刚列出的这些非货币活动中的大多数是作为义务构造出来的。换句话说，我们社会安排中的大部分意味着预防下面的情形：满足在边际上的等值是从我们的不同活动中得出的，而这正是经济模型的症结所在。

根据我的观点，这种批评虽然有趣、贴切，但远远不够。它仍然是从欲望全面排列的前提下得出来的，所有的人都迫切需要立即得到满足。值得赞扬的是，心理学家和社会学家对人类欲望——即"幸福"的基本构成要素——实际上如何形成比经济学家要感兴趣得多。本书中，一般的程序是通过观察和反省来研究社会背景和人类行为，勾画出欲望构成的确切序列和层次，这些能够对幸福的感觉作出某些重要解释，包括从食物到友情和本质上值得的感觉，也包括从"拥有"（having）到"成为"（being）。许多对幸福构成的研究都是沿着这条思路进行的，特别是自从社会学家发现询问人们是否幸福（以及现在是否比以前幸福等）是可能的，这种发现不仅与收入还与大量的诸如自治、自尊等其他变量联系起来是可能的之后。

这些研究的麻烦在于，它们让人很接近经济学家的最初假定，即消费者自己具有大量的知道强度的欲望，而这些强度是他根据价格调整的。经济学家和研究幸福的社会学家们都按照追求一系列固定目标或者按照一系列他们知道的价值操作的个人来思考问题。现在，对我来说，这一点好像是男人和女人们行事方式的一种错误观念。**在这本书中，我尽力解释的世界是这样一个世界，人们认为他们想得到某物，就可以得到它；使他们沮丧的是，发现他们不想要他们想的那么多或者一点也不想要，或者他**

们一点不知道的其他东西才是他们想要的。我们从来没有按照某些心理学家建立起来的欲望的综合层次行事，这些心理学家研究了人类的各种追求和"需要"，但是在我们现实存在的任何一点上——并且对整个社会通常也是正确的——我们追求一些可以被其他目标代替的目标。

这就是我在本书中使其尽可能可以理解的过程。我认为这是本研究的一个重要局限。在本书中，我只处理了从私人消费目标向为公共利益行动的转变，或者相反的转变。当然，还存在其他一些转变，比如从收入最大化到寻求不同形式私人幸福的转变，这些私人幸福是通过家庭和朋友的培育或者其他"后物质主义"的生活方式 [15] 实现的。但是，我有两个观点修正了把我自己限制在私人—公共—私人循环中的决定。首先，需要从某个地方开始进行；我给自己设定的任务是如此精妙和费劲，以至于我不能够从任何一个地方立即开始。第二，也是更重要的，大量的人向公共领域的偶然转变倾向于具有这种即刻的历史结果，即这种特定的转变尽管只能够被一个国家总人口中的很少一部分所接受，但这种转变对理解社会变迁来说具有特定的意义。

最后一点评论。失望的概念没有给出本来含义，除非我们对某些更加哲学化的问题感兴趣，正如我以前说的，这些问题不得不隐含在该书主题的背景中。在探索不断学习的消费者部分最优解决的过程中，将失望看做临时刺激物的倾向没有得到完全解决，直到意识到失望的减轻、期望和现实之间的差距迅速缩小不应该被毫无疑问地——要么是可能的，要么是希望的——接受为止。

关于可能性（或者更应该是不可能性）的观点是简单的。正如我在以前表明的，人类社会的恶化具有非常宽的幅度，这是由于他们典型成就中的一个方面：超过他们生存需要的剩余。[16] 一旦这个观点从社会扩展到个人层次，就可以给出一个新颖的含义，而不是像古老的谚语 *errare humanum est* 或"犯错才是人类"。在偶尔犯错中，这个谚语通常被理解为引入了自律，它完全可以被重新解释为犯错误是人类的一个排他性**本质特征**。换句话说，这个谚语的意思不是"犯错误的仅仅是人类"，而是"只有人类才会犯错误"。在所有的创造物中，只有人类被赋予了犯错误的能力，并且每一次他或她都会尽可能地利用这种能力。18 世纪德国的科学家和警句家里希登堡（Lichtenberg）在写下"在动物很少犯错误或从来不犯错误的意义上，犯错误也成为它们可能最具智慧的排他性特征"[17] 时，就表明了这种意思。如果犯错误是超出生存需要和动物存在性的人类之必然部分的话，另一个必然性就是：源于一个人行事方式错误而产生的后悔和失望当然不仅为良好的意图开辟了道路，而且具有不犯错误的很高期望。克服失望的可能性也同样如此。但是，如果假定它是可能的，那么失望的消减是可求的吗？

尽管充满失望的生活是令人伤心的，但没有任何失望的生活可能也是不可忍受的。因为失望是人类进行美好回想与渴望倾向的自然对应。这种倾向是不幸和非理性的吗？给定死亡的确实性（一方面），没有这种失望产生的预期和渴望更新产品的生活将会是什么样子？换句话说，失望的"成本"可能低于人类一再接受的极乐和幸福观念的能力所产生的"收益"，就像它可能的情形，失望是受约束的。正如 Don Quixote 朋友的病在被 The Knight of the Mournful Countenanc 治愈了之后所宣称的，那已经离他生命的结束不远了：

> 上帝原谅你，因为你在希望回报心智健全时给每个人造成的伤害是最让人迷惑的傻事！先生，难道你没有意识到从 Don Quixote 的心智健全那里可能产生的收益从来没有通过他的罪恶实现他给我们的快乐？[18]

如果所有的失望都被成功排除的话，这类成本—收益计算将是十分恰当的。

注　释

[1]　特别参见 Carl Christian von Weizsäcker, "Notes on Endogenous Change of Tastes," *Journal of Economic Theory* 3（1971），pp.345—372；以

及 Robert A. Pollak，Edgar A.Pessemier 和 T. A. Marschak 在一次研讨会上提交的论文 "Changes in Consumer Preferences"，美国经济学会第 90 届年会，重印在《美国经济评论》(*American Economic Review*) 68 (May 1978)，pp.374—391。

[2]　*The Joyless Economy* (New York：Oxford University Press，1976)．

[3]　引自 N. M. Karamzin, *Letters of a Russian Traveller, 1789—1790* (New York，1957)，pp.40—41，见 Joseph Frank, *Dostoevsky, The Seeds of Revolt, 1821—1849* (Princeton：Princeton University Press，1976)，p.57；文中的斜体字部分。

[4]　经济学家使用术语"横财"或"暴利"表示非预期的收益。但这个术语表示实现了超过预期利润这样的事实，而不是与那个事实相联系的感情。同时，这个术语不可以被译成其他语言——有人仅仅将其解释为非预期的利润。

[5]　而且，还有几个跟失望具有相近含义的术语，例如幻灭 (disillusion)、觉醒 (disenchantment)。它们表明，可接受的充满希望的预期从一开始就是一个幻觉。本书的观念好像是任何充满希望的预期通常都包含幻觉的成分，因此根据其属性，现实从来都不能完全达到预期，更不用说超过它了。这种想法可以得出西班牙语某些用法中（例如在阿根廷）的最终结论，就是 ilusión 在使用上可以跟 esperanza（希望）相互交换。在法国，术语 décevoir 和 déception 与英语中的 "to deceive" 和 "deception"（与拉丁语 decipere 完全相符）至少在 16 世纪完全等同，此后慢慢产生了现代的含义 "to disappoint" 和 "disappointment"。含义的这个演进验证了一个重要的事实：人类受其约束的精巧诡计就是他们自己构造的希望。

[6]　对由这种类型的人口统计学潮流产生的乐观和悲观循环，见 Richard Easterlin, *Birth and Fortune：The Impact of Numbers on Personal Welfare* (New York：Basic Books，1980)。

[7] 对于微观—宏观问题的进一步观点，在第 109—110 页。

[8] Leon Festinger, *A Theory of Cognitive Dissonance*, Stanford University Press 1957；他的一些基础性论文在更早几年发表。

[9] Penny Addiss, "The Life History Complaint Case of Martha and George Rose：'Honoring the Warranty'", in Laura Nader, ed., *No Access to Law：Alternatives to the American Judicial System* (New York：Academic Press, 1980), pp.171—189，做了生动的编年史。

[10] 对认知不一致理论的同样批评，见我的《退出、呼吁和忠诚》(*Exit, Voice and Loyalty*, Cambridge, Mass：Harvard University Press, 1970), pp.92—95 以及附录 E。

[11] 例如，见 Richard M. Cyert and Morris H. De Groot, "Adaptive Utility", in R. H. Day and T.Groves, eds., *Adaptive Economic Models* (New York：Academic Press, 1975), pp.223—246。

[12] William Blake, *The Marriage of Heaven and Hell*, plate 9, line 7.

[13] 所有活动花费有限时间的观察对这样一种观点是重要的，即所有的人类追求都来自新古典经济分析的范围。在这个意义上，加里·贝克尔将时间作为有限商品的分析——"A Theory of the Allocation of Time", *Economic Journal* 75 (Sept. 1965), pp.493—517——就成为"从经济学角度"综合人类行为大多数方面的奠基石。

[14] Robert E. Lane, "Markets and the Satisfaction of Human Wants", *Journal of Economic Issues* 12 (December 1978), p.815. 这一段话主要是基于这篇非常精彩的论文，在参考关于欲望满足的社会学和心理学文献的脚注中，这也是非常丰富的。

[15] 在西方民主国家，关于这种生活方式出现的证据，见 Ronald Inglehart, *The Silent Revolution：Changing Values and Political Styles among Western Publics* (Princeton：Princeton University Press, 1977)。

[16] *Exit，Voice and Loyalty*，pp.6—7.

[17] Georg Christoph Lichtenberg，*Aphorismen*，*Schriften*，*Briefe* (Munich：Hanser，1974)，p.139. 同样，据报道，C. S. Peirce 相信 "关于人类生活最明显的事实就是他们错误的存在"。见 R. Jackson Wilson，*In Quest of Community*：*Social Philosophy in the United States*，*1860—1920*（New York：Wiley，1968），pp.47—48。

[18] 第二册，第 65 章。

第二章

消费者失望的各种类型

失望是如此普遍，并因而好像是如此清晰明了的经验，以至于没有人特地系统地探索其本质、构成和类型。在本章中，我主要关心的问题是在商品和服务的私人消费中容易发生的失望。失望的一个重要分类跟工作经历有关。它在本书中没有得到解决的一个原因在于关于工作满足和不满的大量文献的存在，经济学家们已经开始积极参与到这个领域中。[1] 另一个是我的怀疑，即工作不满的一个主要原因，就像通常假定的那样，与工作性质之间的关系没有与工人经历的一般满足之间的关系大，而工人经历的满足跟社会成员，并因而还跟消费者是一样的。因为我们社会中的工作主要被看做赚取收入的方式，而收入反过来又用于支付消费，消费经历的质量或一般的生活经历的质量，可以容易地通过工作经历的质量反映出来。事实上，这就是关于 20 世纪 70 年代发生在美国的工作满意度明显下降的研究所得出的结论。作者在不成功地检验了将这种下降与不同工作特征联系起来的解释之后，得出结论说："……最近发生的工作满意度下降……可能跟工作或就业条件只有很小的联系。我们可能要重新阐明这种更加广泛的社会不适的根源……"[2]

不必同意这种论调，我在本书中尽可能地集中于目标和消费支出的世界以及失望和不满的不同根源。我将提出某些商品比其他商品将有更大失望潜在可能性的观念，并在非常高的综合层次上，采用格奥尔格·西美尔（Georg Simmel）《货币哲学》（1900）中的精彩语句。西美尔区分了货币（一方面）和所有的消费品（另一方面），并且注意到，在货币纯粹是为了积累（例如由贪婪者所做的）的目的所欲求的意义上，其占有就是为了避免失望。[3] 这个问题的原因在于货币的抽象特征，即货币是"一种绝对没有质量的物品"，并因而完全为人们所知道：一美元就是一美元，远远不同于一枝玫瑰就是一枝玫瑰。这就提出了货币和其他物品之间的基本心理学差异，让人感到荒谬的是，商品总比货币更有价值，因为它们在使用的过程中，"要么出现人们所经历的惊奇，要么出现失望"[4]。

在本章中，我将会继续以西美尔为先驱的研究，并且将会考察为什么在大量的商品中，有些类型商品潜在的失望比其他商品大得多。我的方法是归纳的而不是演绎的：我从对消费者购买品的某种详细划分出发，比如耐用品和日用品、商品和服务，然后研究在这些次级分类中是否存在导致特别高（或低）失望倾向的特征。一旦辨认出导致较高或较低失望倾向的特征，当然它们就很可能定义一些种类的商品，这些商品不能够确切地跟简单给定的种类相重叠，这些简单给定的种类是为了完全不同的目的而形成的。这个过程的一个好例子在下面接着给出。

真正日用品的特权地位

在这一部分跟下一部分，我将会借用心理学进行一些概念性区分，这就是蒂伯·西托夫斯基最近提出来解释的为什么我们的经济是"乏味的"。他的出发点是神经系统觉醒的观念：当觉醒程度过高时，其结果会导致以饥饿、口渴或身体疼痛等形式所表现出的不舒服；而当觉醒程度过低时，疲倦——不舒服的另一种表现形式，特别是对于人类而言——就会出现。当这两种类型的不舒服通过专门设计的满足欲望或缓解疲倦的不同类型消费活动缓解的时候，结果就是愉悦和舒服：愉悦是从不舒服到舒服的变化经历，而后者是在到达点上实现的。这样，就有了愉悦和舒服之间的矛盾：为了将要经历的愉悦，必须暂时牺牲掉舒服。

尽管舒服和愉悦在这个方面存在矛盾，然而西托夫斯基主要选择了忽视源于不同动力（食物、性、睡眠）的愉悦，并且在确保基本需要的满足上，他集中于那些在海边产生无聊的愉悦，他称这种情况为"刺激"[5]。他的原因在于，在他集中关注的富裕社会中，欲望满足可能被认为是想当然的，并且作为通过刺激获得愉悦的一个根源而被挤出。这集中于刺激，并且在不同的丰裕社会中，由消费者通过不同方式经历的不同程度，是西托夫斯基观点的核心内容。他的观点是，美国的消费者相对于西欧的消费者而言只经受更少的刺激。无论如何，看上去都令人遗憾的是，他几乎完全忽略了我们愉悦的很大部分，而无论我们的社会多么富裕，这种愉悦都仍然源于对我们生理需要的适应。由于这些需要是循环的，舒适就自动给随着时间的推移所产生的不舒适开辟了道路，这使得又回到舒适的愉悦产生的旅程再一次得到保证。在本书中，我们解决了确实是例证性的愉悦——简单的、熟悉的，然而只要我们还活着就是强烈的、不定期更新的。作为向评价潜在于不同消费品中的比较失望迈进的第一步，对产生这些愉悦的商品进行近距离观察是有用的。

我们都知道的格言："生活中最好的东西是自由。"现在让我们提出下面只是稍微有点复杂的变量："生活中某些最耐用（即可更新）并且是最低失望倾向的愉悦是那些通过日用品达到的愉悦，而这些日用品在字面上是消费性的，在消费活动中会消失。"在某种意义上，隐含在这种状态下的大量消费品的分类不同于通常情况下对耐用品和日用品的分类。传统上后一种类型包括像衣服、鞋子之类的物品。但是从潜在的愉悦产生和失望的观点看，这个重要的区别是介于实际上的日用品、基本的食物和燃料——这些物品在消费的过程中必须被最大可能程度地用光——与所有其他商品——由于使用产生的腐烂和破坏或时间的流逝只是作为不可避免的缺陷被接受的——之间。食物在产生愉悦方面具有特殊的能力，这是基于人体为满足能量连续供给的生理需要。在向身体传递能量的过程中，食物就完全消失了，并且它们的消失潜藏在消费活动中并感觉到愉悦。[6] 在考虑失望的潜在可能性时，那种消失也构成了实际上的日用品所具有的特权地位：它们完全不同于更耐用的物品——也以"财产"著称，它们在消费过程中遭受失望之后仍然存在，并因此作为这种失望的提醒而起作用。而且，在遭受挫折和不高兴之后接下来的必然时刻，"财产"可能还包含这些感觉：我们充满愤恨地意识到这些财产已经不能够为我们带来充满希望的私人幸福；或者在根据我们的需要考虑所有这些商品的时候，我们应该感到高兴，然而却经历了深感不快的自责。

然后，关于消费过程中消失的商品，既存在愉悦密集型又存在特定的失望抵制型感情。罗马皇帝们知道，当他们关心给大众供给面包和斗兽场的时候他们所做的：一旦你接受了它们，它们就都消失了，留不下任何有形的物品来让消费者发泄他们已经遭受或可能遭受的失望、厌烦或紧张。

从我们的观点看，有必要指出和强调那些事实上的日用品的特权地位，因为在这方面努力时，语言并不总是配合的：耐用品好像并不跟日用品和易腐品完全对应。希腊人发明了"迈达斯"

(Midas) 神话以便让自己记住耐用性有一些缺陷，但不知何故教训并没有被完全理解。没有包含积极内涵的、表示类别的术语可以用来表示那些耐久性优点完全与其非耐用性联系在一起的物品。[7] 而且，日用品只受到很低的尊重跟这样一个众所周知的事实弄混淆了，即至少就经济学家们的考虑而言，这些物品的需求收入弹性比耐用品（和服务）低。结果，我们真正的日用品重要的补充性优点，即它们提供愉悦的强度以及对失望的忍耐已经从观点中消失了。

即使要赞美真正日用品不容易引起失望的特性，我也不想断言它们是失望免疫的。总体上，它们不能够克服人类实现康德所完美表达的满足上的无能。事实上，在康德时代，这种无能通常被表述为对吃喝经验的偏好：爱德华·扬（Edward Yong）在其非常成功的诗《夜思》(*Night Thoughts*)、塞缪尔·约翰逊（Samuel Johnson）在《拉塞勒斯》(*Rasselas*) 以及基考莫·列奥帕蒂（Giacomo Leopardi）在其一首很重要的诗中，都比较了绵羊在放牧之后感到的完全满意与许多牧羊人（就像他们所抱怨的）在吃饭之后感到的长期不满意和疲倦。[8] 但是，在本书中吃被单独拿出来作为造成失望的原因这个事实，不仅不会与我的主题相矛盾，而且有利于证明：为了得出这样的观点，即按照可能最严格的术语，人类在实现幸福和满足方面有基本的、形而上学的无能，这些作家集中于人类的消费行为，因为在造成失望方面这是可比的。就像他们隐含认为的，甚至在吃喝之后紧接着就有挫折和不幸的感觉，那么这就是人类永不满足的确实条件。

在接下来的内容中，我最想表明的是，表示我们实际日用品特征的消费者经验与吃食熟悉食物的不同种类动物的经验不可比较。而且，这些经验与吃食其他种类食物和享受其他种类服务的其他人的经验可以比较。就是按照这种方式，造成消费者失望的有差别的、具有商品特征的原因才能最好地估计出来。在下一部分中，我将会尽量给出关于消费者耐用品的这种比较；在再下一部分中，我将会给出关于不同种类服务的这种比较。

耐用消费品

如果西托夫斯基在提出舒适是愉悦的敌人这个观点时是正确的，那么任何按照耐用模式确保舒适或一直不舒适的物品，比如自动加热系统或冰箱，都只会产生相对非常低的愉悦。这种商品只要适合使用，就肯定会满足需要，这样当商品首次获得并投入使用（"打开"）的时候，就只会经历一次愉悦。此后，舒适得到保证，但是随着从不舒适到舒适的变化所产生的愉悦却不再有效。对这种情况，有一种很好的表述：我们说特殊商品被认为是想当然的。隐含在这种表述后面的是轻微的责骂或抱怨——我们认为我们从拥有某种商品中感到的高兴、感激和愉悦应该比我们实际上所感到的更强烈。为了达到某种适宜的价值状态，我们要么依靠我们的想象工作——尽力恢复原形，每次使用（或者每次我们想起它正在使用的时候）该商品都处于首次获得它时的状态——要么不是很好地，我们可以逐步建立起相对优越的感情，并且想起还没有得到它的穷人。但是，这类精神练习好像还不能够产生一件必需品或日用品初次获得或投入使用时所经历的愉悦。事实上，冰箱逐渐产生的愉悦跟更老的、同样最有用的物品和发明——比如厚玻璃板或车轮——产生的愉悦一样少。

事实上，当我们想当然地确认某些长期产生舒适感的耐用品时，我们不仅是在责备自己而且还包括所讨论的物品。与更传统的日用品如食物的购买相比较，我们给它们挑刺主要是为了舒适，而很少是为了愉悦。随着舒适而产生很大愉悦的物品几个世纪以来一直表现为消费者的大量购买；它们也位于儿童和青年时期消费经验的核心地位。这样，伴随耐用品而产生的愉悦和舒适平衡的剧烈变化就是不可预测的，并且它们产生的少量愉悦最初会令人不安。[9] 随着时间的推移，消费者将会接受这样一种观点，即对耐用品而言愉悦舒适的平衡不同于日用品：他们会逐渐学会在舒适和愉悦之间权衡，并因此而调整他们的预期。在某种意义上，每一代可能都要经历这样一个过程，成年期的消费经历对耐用品赋予的权重比孩童期的消费经历大得多。但是，如果我们的分析是正确的，在耐用品初次出现的社会中，失望就会特别广泛。当然，这听起来可能是相当荒谬的，因为我们可以预期当大部分人初次同意十分著名的、罗斯托式的"大量高消费"的祝福时，他们都处于良好状态。事实上，两种状态，普遍的乐观和广泛的不满，在迅速转变中都可能遇到。当年老一代成功地压制了对生活模式的失望，并且强调其所达到的物质进步时，年轻一代对那种经历毫无感受并且公开谴责父母生活的空虚时，它们也可能并肩而存。作为这种不同模式的结果，向高消费转型的时期在政治上可能是相当不稳定的。

在给出了我关于耐用品的主要观点之后，我必须证明其正确。将所有的消费品分为耐用品和日用品扩大了这两类产品之间潜在失望的差异。从愉悦—舒适平衡的观点看，将耐用品划分为三类是有用的：（1）持续使用的耐用品——房屋或公寓、制热或空调设备、冰箱等；（2）根据有规则的循环或通常可以预见的间隔使用的耐用品，因为它们的使用与自然规律和日常生活结构联系在一起；（3）根据拥有者是否"喜欢"使用它们而在不规则间隔使用的耐用品——高保真设备、钢琴、相机以及在某种意义上纯粹是为了获得"驾车愉悦"而使用的汽车等等。[10]

关于耐用品产生失望特征的观点——与传统的购买品比较，他们赋予舒适的权重比愉悦更大——非常适用于第一类耐用品，较少适用于第二类耐用品，最少适用于第三类耐用品。按照所有者个人兴致使用的耐用品在许多方面像日用品：无论所有者什么时候想使用它，都是这样，因为他或她从它们那里获取愉悦和刺激，就像使用之后产生的舒适一样——就像当照相或弹钢琴的欲望得到满足时（或者当疲倦暂时得到限制时）一样。

第三种类型的耐用品最好被看做消费者资本。从失望潜在可能性的观点来看，它更类似于孩子们的玩具——它能够产生持续的服务流，而不是更类似于非耐用品的购买，如剧院或体育馆的门票、一次愉悦的旅行，甚或一个锥形冰激凌。然而，一个重要的差别在于一旦耐用品提供的服务不再需要了，耐用品本身却可能仍然"存在于周围"。这样，它就会提醒所有者它已经不再被享受，并因此而持续引起一定数量的失望。从这个角度看，孩子们比成年人处于更加有利的地位，就像不能够产生愉悦和激励的过于耐用的玩具将会被父母"弄没"或者被孩子们破坏掉。

在下一章中，关于给人们带来愉悦和舒适的耐用品重新给人带来满足将会有更详细的讨论。然而，在这个阶段，我希望得出结论：前两类耐用品特别容易产生失望。这两类耐用品构成了现代家庭耐用品的核心。对那些耐用品（加热器、冰箱等）来说，愉悦—舒适平衡完全不同于跟非耐用品相联系的正常经历已经被注意到了。正是这些家具标志性的自我平衡特征解释了它们一直保持不舒适的能力，相对应的，从不舒适到舒适这一产生愉悦的过程被省略了。

　　至于第二类耐用品，即定期使用的物品，其使用与日常生活的规律和结构联系在一起，当它们必须被设定处于运转状态，因而被产生服务的所有者控制时，其自我平衡性质就不那么突出了。例如，洗衣机、洗碗机仍然至少需要装满所洗物品，使用者开动机器，洗好后拿出来，因此稍纵即逝的片刻愉悦是与这种操作以及与按下开关相联系的，这在某种意义上是真实的。由这些机器做成的可见的、不费力气的、令人惊奇的转变——从脏东西到干净东西的转变，产生了某些可更新的愉悦，但是关于第一类耐用品特殊的舒适—愉悦平衡所讨论的内容也适用于此处，如果在更低层次上讨论的话。

　　最重要的现代耐用品是私家汽车。它当然比刚刚提到的机器更不能自我平衡或自动。同样也毫无疑问的是，它可以产生愉悦，"驾车愉悦"，要么跟其实用功能相联系，要么采取跟人们仅仅是——或者更应该说是习惯——"兜风"时相类似的纯粹形式。事实是，汽车提供了——按照西托夫斯基的术语——"刺激"，也提供了欲望的满足：这大概是作为耐用消费品的独特力量。[11] 根据法国众所周知的一句批评，汽车是一种"极其壮观的物品"："它提供的不需努力的机动性产生了一类确实存在的不现实幸福和悬而未决的责任。"[12] 所有这些都可能被看做是想当然的，特别是当"人们第一次接触轿车时"。然而，轿车的实用功能最终才是最为重要的，并且其担当这种功能的能力几乎都被理所当然地认为跟安装有自动调温装置的加热器提供热量一样迅速。原因在于运输的需要——尽管它可能很重要——但它跟人对食物、睡眠和性的需要完全不同。每次饥饿的时候，我都会从填满肚子中获得真正的、不确定的可再生的愉悦（德国一句著名的谚语"饥饿是最好的食物"很好地表明了这个过程），但是我从汽车满足我运输（非生理的）需要的能力中获得的兴奋和愉悦会很快消失。这大概就是价格昂贵的豪华轿车产生巨大成功感的重要原因。确切地说，这些轿车会提高与汽车的欲望满足功能相关的刺激功能。就像最近宝马（BMW）公司的广告所宣称的，"满足社会需要（可以理解为：安全和反污染的装置、省油）不是制造单调轿车的理由"。因此，许多尽力与他们感到的失望作斗争的消费者都跟轿车的纯粹实用方面联系在一起，他们比严格满足运输目的需要的消费者花费更多在车子上。通过这种方式，他们既获得某种高超的驾驶经验，又获得优越于广大汽车乘坐者的满足感。在购买的愉悦—舒适平衡上，他们愿意花费相当多的金钱向获得更多愉悦的方向倾斜。确切地说，为了同样的原因，他们长期忍受——也许是希望得到——一定数量的"固定磨损"：新汽车会造成愉悦—舒适平衡的迅速转变。

另一个区别是介于不同耐用品之间的：一类耐用品当购买的时候，已经彻底完成了，并且不需要消费者给以任何种类的私人接触；另一类消费品允许甚至需要这种接触。到目前为止，后一类物品中最重要的当然就是个人拥有的房屋或公寓，而传统的消费耐用品——从轿车到洗衣机——都属于前一类。从愉悦产生和维持的角度看，这两类物品之间的差别是相当明显的：当所有者有机会——比如对一栋房子——进行装饰、布置和再布置，或维修、改进、甚至添加时，他们实际上会使其成为他们自己的一个写照。房子产生的愉悦会由于他们自己努力和选择结果的自恋性构思而被放大无数倍。这是应对愉悦损失的一种重要方式，否则就会使房屋成为只产生固定舒适的必需品。[13] 然而，对消费者而言，这种对愉悦损失的弥补与他们更加现代的购买相比十分无效，他们购买的物品都"已经"做完，并且只需要"插上电源"即可。他们可能经历的唯一变化不再是根据单个消费者特定的需要或口味进行的进一步转变或改进，而是坏掉。产品一旦坏掉，不允许所有者自己维修——他自己维修的话，可能会得到从该物品中产生的愉悦——而是强迫他花钱请专业维修人员。对于汽车——一般市民拥有的处于第二位重要性的物品，至少还存在维持其外观的可能性，很可能就是这种欲望使其"成为自己拥有的"，并且从中获得与其相伴而生的自恋性愉悦，这促使许多汽车所有者花费大量的周末自由时间去洗车并擦亮它。赛车和摩托车的情形接近于所有者拥有房屋的情形，这些交通工具的所有者会非常热心地保养它，就像对它做所有种类的改进和增加一样。最后，倾向于使生产线生产的标准物品成为完全个人创造的一种极端情形是西部旧金山和其他地方的"驾驶低底盘汽车"的现象。奇卡诺人和其他说西班牙语的社区发明了一种主要是在周末晚上举行的巡演活动，它是由古老的、最初根本没有品牌的汽车组成的，这些汽车已经完全被改装成奇异的、俗气的、高度个性的交通工具，这些汽车以拥有特定种类的低底盘（因此是"低底盘汽车驾驶者"）而著称，并且在许多其他方面也是"定制"的。这些汽车成为公开反对普通交通工具"单调"、缺乏愉悦世界之"生活风格"的一部分。

当比较所有的耐用品和非耐用品时，对不同种类耐用品的进一步观察使前面得出的观点完整无缺：现代大量生产的耐用性消费品打乱了消费者从前耐用品时代所购买的物品中获得愉悦的方式。伴随着其过度好用的服务，这些物品很可能会产生大量感觉模糊的失望，特别是它们最初在社会上大量扩散开的时候。[14]

服务

在西方发达的资本主义国家，职业结构的重要变化发生在最近 10 年。所谓的服务部门，不仅包括金融和商业，还包括教育、卫生、娱乐、专业和政府服务的活动。在这些部门的就业增长比工业和农业部门的就业增长快得多。结果，正如已经显示出来的，我们的经济已经变成为"服务经济"(Victor Fuchs 语)，我们的社会已经成为"后工业社会"(Daniel Bell 语)。

作为对应，服务部门的扩展引起了消费者在服务上的开支提高，特别是在教育、卫生和娱乐领域的开支。就政府提供服务来说，实际支出已经被更高的一般税和社会安全税（或者更严重的通货膨胀压力）代替；服务补偿和货币替代物之间的直接联系因而被切断了。然而，这些服务的存在以及人们支付税收（或遭受通货膨胀）以支持它们的事实创造了对权利的预期。因此，不考虑制度安排，讨论这种新的、重要性不断提高的消费性物品是可能的。[15] 就像前面对耐用消费品的观点，现在要提出的是，这些物品潜在的失望很可能非常高。

然而，原因是不同的。在消费耐用品情形下，麻烦不在于其效果——它们在总体上是相当可靠的，而在于它们不能产生"愉悦"到这样一种程度，即消费者购买日用品时产生先验经验的基础上所预期的程度。另一方面，就卫生和教育服务而言，效果本身是相当不稳定、相当难以预料的；与更加传统的购买品相比，一种新的刺激性经验在所获得物品的质量和功效方面是高度易变的。结果，在这种特定的彩票抽奖中输掉的大量人很可能都抽到了不幸的、令人失望的彩票。

再一次，这些服务的第一代消费者失望的可能性最大，也就是说，多少年来一直主要购买像苹果、鸡蛋、鞋子、冰箱等物品的消费者已经形成了对产品可靠性和可预测性的期望，他们抱着这种期望购买了这些服务。这样，他们又成为具有新的消费雄心而不断向上流动的集团，在他们痛苦地经历了与他们当时急于体验的服务相关的高度风险和不确定性时，他们承受着失望的打击。然而，甚至在多次经历这些服务购买包含的风险之后，对许多人来说潜在的失望仍然很高。这些人拒不理解教育者、医生和心理学家已经具有获得大量支付（采用缴费或税收的形式）以换取其效果不相关服务的权利。

当抱有使它们更加有效的目的而花费大量努力以迅速扩展这些服务的供给时，这些服务中潜藏的高度失望的观点非常严格。在这些条件下，它们的平均质量很可能大幅度下降。的确如此，部分是因为要将高质量效果所必需的全部投入同时聚集起来是很困难的——新学校的建设要比新师资的培养快得多，或者相反。因此，就是当社会进行了一定努力而扩展得到这些服务的途径时，这些服务的质量必定下降，这对新老消费者的道德都明显会产生一种负面影响。[16]

扩展造成的质量下降构成某些服务的特有特征，而不适用于其他耐用消费品和其他服务，至少不具有相同的适用程度。主要原因在于教育服务质量下降比工业品（如冰箱）或高科技服务（如飞机旅行）质量下降的容忍度要宽泛得多。飞机旅行或冰箱生产的扩展不会发生，除非全部或几乎所有主要投入对生产适当产量是有效的，然而，尽管存在许多尚未解决的瓶颈，也就是说，尽管可能存在教师不足、教室拥挤或其他方面的不平衡，也仍然能够提供扩展的高等教育服务。

新建立或新扩展服务令人失望效果的可能性被许多进一步的观察证实了。首先，当扩展像教育这样的特定社会服务以适应新出现的社会集团时，它不可能提供跟此前提供给传统的"受教育阶级"完全相同的服务。这样，即使没有质量下降，而主要由于没有变化或适应性，服务也可能效果不佳，遭到抵制。这也需要学习和相互调整的时间。

第二，存在这样一类服务，它们的需求随着如何满足其实际知识的提高而提高；最近的例子就是日间托儿所和精神服务。在这些情况中所发生的是：与实际市场需求相对应，某些社会成员（就像一些皮条客）会自告奋勇地宣称，"我们专门为你定做"，但他们在尽其所能提供这些新的流行服务过程中，实际上只是刚刚开始做"这项工作"。关于消费者无知和消费者与生产者的非对称地位已经有大量的著作。[17] 在当前情形下，生产者跟消费者一样无知，至少在他们操作的早期是这样。是提供者的无知而不是其诡计可以解释所提供服务的较差质量。由此造成的消费者失望是由某些服务的特殊市场化造成的，尽管其质量要比预想的低得多。

尽管它在多种可变情形和特征中是基础，在多种新扩展服务中潜在的失望到目前为止一直表现出一种相当令人敬畏的表象。事实上，本书提出的观点构成了理解所谓"福利国家危机"的一条思路。现在，广泛流行的感觉是：建成与消除贫困和失业相协调、与更加平等的收入和生活机会分配相协调的资本主义的努力已经逐渐地在许多国家造成了通货膨胀和其他危机。一般情况下，对这种发展的解释可以在某些西方社会根深蒂固的"结构"特征中找到。沿着这条思路，詹姆斯·奥康纳（James O'Connor）写了关于资本主义国家积累与合法性功能之间矛盾的著作，[18]而弗雷德·赫希（Fred Hirsch）已经指出了，同意严格界定的愉悦之机会和类型的人数不断增加是不可能的。[19] 相反，本书提出的观点并没有将福利国家的困难看做"主要矛盾"或绝对上限的反映；然而，它将这些困难看得很严重，但很可能只是暂时增加的痛苦。当初次碰到这些痛苦的时候，它们很可能会引起很大麻烦，但最终会作为不同学习经历和相互调整的结果得到控制。这样，我们关于这些问题的观点就不会比已经具有大量臭名声的其他评价更让人消沉。

刚刚考虑的大量不幸经历产生的失望，将会发生什么？一种可能性是顾客（或病人）对提供这种令人失望的产品或服务的机构、企业或个人非常气愤，并呼吁进行改善、改革。确切地说，最近的历史提供了这种结果的几个实例，例如关于西欧教育服务的例子。

对供给者发怒不是唯一可能想到的反应。例如，在心理治疗的情况下，病人必须通过自己的某些投入来补充心理医生所提供的服务。这样，他去看临床医生只有较差效果的原因就可能在于他自己贡献的不足。在这种情况下，购买者感觉到的失望很可能转向对自己的不满。当与涉及接收方合作的其他服务——例如教育和其他专业服务，实际上主要是需要对不同购买者进行歧视的购买行为[20]——相联系时，对所购买物品和对销售者的失望转向对自己失望的情况也可能发生。

非常有趣的是推测：对服务进行直接或间接（通过税收）支付将影响可能引起失望的程度。一方面，比起不需要支付即期现金流提供的服务来，直接支付应该会使顾客更加挑剔、对质量更加敏感。另一方面，支付的确切事实通常会从这样一个假定开始，即必须得到足额的等价物，因此，如果交易的结果不满意时，人们就会倾向于责备自己（或保持沉默）。很可能部分是由于这种奇怪的心理机制，比起私人基础上的服务来，公共筹资服务受到的批评更经常、更严厉。

回顾一下本章提出的观点可能是有用的。就像已经表明的，消费经验产生不满以及与满意相伴的失望。本书初次提出，真正的日用品（如食物）——通过消费必定改变它们的形状——由于特定的愉悦密集和失望抵制而具有特权地位。然后，讨论主要集中在两种特殊类别的消费品购买上：耐用品和服务。最近 10 年，它们从重要性提高中获益良多，但它们潜在的失望也表现得非常高。在每种情况下，都有完全不同的原因。对耐用品来说，失望主要源于这样一个事实，即这些商品提供的愉悦和舒适之间的平衡比起日用品来，更偏向于舒适（而不是愉悦）。与商品的购买相比，对服务来说，失望源于许多不同的情况，这主要是由于在实现服务所要达到的目的时，存在部分或全部的失败，特别是对教育、医疗或其他专业服务等。而且，作为对社会压力的反映，如果所提供服务的数量突然比此前大得多，它们的平均质量很可能会下降，这种扩展的预期很可能会令受益人感到失望，而不是感到愉悦。

所有这些发现的一个主要特征是：由于某种特别的力量，它们适用于重要的进步变化发生时，从商品或服务中获得的新的集团收益此前很少保留或一点也不可能。失望的发生主要是由于消费者在进行新类型的购买时，抱着与传统商品购买相联系的预期。

注　释

[1]　见论文 "Quality of Working Life", by Karl-Olof Faxém, Richard B. Freeman, and Lester Thurow, in *American Economic Review* 68（May

1978），pp.131—148. 以及 Graham L. Staines，"Is Worker Dissatisfaction Rising？"*Challenge* 2（May/June 1979），pp.38—45。

[2] Staines，"Worker Dissatisfaction"，p.44.

[3] *Philosophie des Geldes*（Leipzig：Duncker & Humblot，1907，2nd ed.），pp.246—249. 也可看我在《欲望与利益》中对这一点评论，pp.55—56。

[4] 从这一段话的上下文来看，很清楚的是，西美尔几乎毫无例外地一直在采用*失望*来思考：在随后的几页中，他详细讨论了"欲望和实施之间的明显差别"，以及"欲望和实施之间经常是悲剧性的、滑稽的不可通约的"。另外一点，我更早时期的语义观察在本书引用的一段话中得到了验证：在西美尔著作中，他尽力在失望与其反义词之间保持公平，但语言并不合作，因为失望的反义词并没有一个简洁的术语。因此，西美尔不得不失望地使用了"惊奇"（surprise，*Überraschung*）这个词，这是一个相当中性的术语——惊奇既可以指高兴也可以指不高兴——作为负值"失望"（*Enttäuschung*）的反义词。

[5] *Joyless Economy*，p.79.

[6] 20 世纪 20 年代，诺贝尔奖得主、英国化学家 Frederick Soddy 出版了一本书 *Wealth*，*Virtual Wealth and Debt*（New York：Dutton，1933，2nd ed.），引起了一场轰动，并接连再版了几次。这本书现在已经被完全忘记了，并且在总体上具有非常完美的原因。该作者提出了一个非常有意思的观点，在本书中我根据我的目的进行了放大：某些基本的商品，如食物和燃料，对人类的需要而言具有释放能量的作用，并且在这种作用发挥出来时，它们必须改变、腐烂或消失——这种特征将它们跟所有在观念上不可更改的其他消费品区分开来。引起我对这本书关注的 Annette Weiner 在她的论文 "More Desired than Gold：A Study of Women，Their Wealth and Political Evolution in the Pacific"（unpublished，1981）中引用了这

一观点。

[7] 一个原因可能在于食物在真正非耐用品中处于绝对统治地位。然而，还有其他一些：燃料、肥皂、化妆品和药物，只提到了某些最重要的。第二个原因在于定期消费含义的现代转换。最初，我们消费芫菁和蜡烛，而**拥有**和**使用**长袍和马车，但随着时间的推移（和宏观经济学的发展），消费开始指人们生产和购买的用于消费的全部商品和服务。就我记忆中的商品种类而言，"可消费品"曾经具有恰当合理的确定条件，但现在它已经被消费的肤浅意思同化了。

[8] 爱德华·扬在《夜思》（1742）中大概是通过写下下面的诗句开始这种风格的：

不是陆生的东西不能满足吗？

在肥沃牧场的深处，牛羊有不满吗？

不；但它们的主人却不这样。

分享它们甜美宁静的生活（*Night* VII，第36—40行）。

在《拉塞勒斯》（1759）中，萨缪尔·约翰逊更加小心：

什么……使得人和其他生物存在差别？我身边迷路的每一种动物都有跟我自己相同的物质需求；它会饥饿而吃草，它会口渴而饮溪水，它的口渴和饥饿解决之后，它会感到满足并且入眠；它再醒来的时候又会饥饿，它会再吃饱然后入眠。我会像它一样饥饿和口渴，但当饥饿和口渴解决之后，我不会入眠；我会像它一样为欲望而感到痛苦，但不像它一样实现了欲望之后而感觉满足（第2章）。

最后，在列奥帕蒂的"Canto Notturno di un pastore errante dell' Asia"（1830），吃没有被特别提到，但在下面几行牧羊人对其羊群所说的话中隐含着相应的内容：

当在树阴下时，你们躺在草地上，

你们安静，你们感到满足，

　　然而我坐在草地上，也在树阴下，

　　困倦会向我袭来。（John Humhpreys Whitfield 的译本 Canti，Naples：Scalabrini，1962，p.175.）

[9]　尽管希望本书的观点比某些人类学家的观点更少投机、更有说服力，但我们的观点与它们还是稍微类似。他们的观点是现代人（*homo sapiens*）仍然遵循进化程序，就像几亿年来猎人和采集者那样，并且其失调可归因于他们在几千年前采取了坐立的形式。

[10]　对任何分类来说，将所有耐用品都划归这三类仍然存在困难。例如，电视机属于第二类还是第三类？对大多数看电视的人来说，他们已经养成了"看电视的习惯"，应该划为第二类。

[11]　一些厨房用具有同样的能力提高纯粹效用和提供激励，特别是现代食物处理器。

[12]　Jean Baudrillard，*Le système des objets*（Paris：Gallimard，1968），p.94.

[13]　这对个人所有物也是正确的，这种个人所有物仅仅作为使用的结果就会发生很大变化。一种不可思议的解释是在 Diderot 的论文 "Regrets on an Old Robe or Advice to Those Who Have More Taste than Wealth" 提出的："为什么我不持有它？它是为我制造的；我是为它而存在的……当浓稠的墨水从我的钢笔中流出时，它提供了它的特征。长长的黑线证明了它给我提供的服务。这些长长的黑线表明了正在工作的文学家、作家和其他人。现在（穿上我的新礼服），我看上去像一个富裕的懒汉；我不知道我到底是谁。"Diderot，*Oeuvres*（Paris：Pliéade，1935），p.733.

[14]　一篇由一位英国社会学家写的有重要影响的论文已经指出了对耐用品不满的另一种可能原因。对工人来说，耐用品（包括汽车）的获得会促使并标志其"社会形象"从阶级奋斗的或传统的可敬形象到社会关系私人化、金钱化形象的转变。这种转变会带来受损的感觉，并且对那种损失的一些责备会属于新获得的一些饰物。

见 David Lockwood, "Sources of Variation in Working-Class Images of Society", *Sociological Review* 14 (Nov. 1966), pp.249—267, 重印于 Martin Bulmer ed., *Working-Class Images of Society* (London：Rouledge and Kegan Paul, 1975), pp.16—31, 特别是 p.23。

[15] 在英国，消费者预算中实际用于服务的开支份额保持不变，正如 J. I. Gershuny 在其研究 "The Self-Service Economy"(*New Universities Quarterly*, Summer 1977, pp.50—66) 中所表明的。但是，适当的计算应该包括福利国家的服务，消费者得到了这些服务，虽然他们没有得到立即的对应现金。可能毫无疑问的是，采用这种计算，服务支出的份额将会表明特别是针对那些目前研究所主要感兴趣的服务项目——卫生和教育——的大幅度提高。

[16] 对这个以及接下来观点的更详细处理，看我的论文 "The Welfare State in Trouble：Systemic Crisis of Growing Pains？" *American Economic Review* 70 (may 1980), pp.113—116。

[17] 见 Kenneth J. Arrow, "Social Responsibility and Economic Efficiency", *Public Policy* 21 (Summer 1973), pp.303—318；George Akerlof, "The Market for 'Lemons'：Quality Uncertainty and the Market Mechanism", *Quarterly Journal of Economics* 85 (August 1970), pp.488—500。

[18] 见 James O'Connor, *The Fiscal Crisis of the State* (New York：St. Martin's Press, 1975)。

[19] 见 Fred Hirsch, *Social Limits to Growth* (Cambridge, Mass.：Harvard University Press, 1976)。

[20] 有些广告的意思就是让预期的购买者确信，购买其产品的结果就是她们会变得漂亮、可爱，但它们同时也宣称，如果想要的变化没有出现，购买者自己应该受到责备。见 Arthur A. Leff, *Swindling and Selling* (New York：Free Press, 1975), pp.157—175。

第三章

对新增财富的通常敌视

就像前一章所提出来的，本研究的一个主要目标就是，通过观察不同商品和服务的特定种类和不同特征，学习消费者失望的强度和形式。尽管我相信这个方法有许多进一步的潜力，但我现在要按照整体的方向推进。原因在于：在研究失望的过程中，我发现的比我试图要寻找的多，并且我已经找到了大量证据，在西方国家，每一次经济进步都会扩大社会不同层级消费品的有效性，由新增物质财富所产生的强烈失望感或敌视已经涌现出来。伴随着赞扬、醉心甚至沉溺，富足好像已经产生了它自身的强烈反应，几乎不考虑哪些类型的商品在市场上是新的和更加充足的。

很明显，为了充分证明这个宽泛的假说，就需要进行大量的历史考察。在本书中，我只列出少数几个主要是从18世纪产生的证据，紧接着是对几个主要观点的讨论，这个观点好像都一再满足对新财富的敌视。

来自 18 世纪英国和法国的历史证据

对于更大量物质财富的出现和有效性所求助的正反两方面感情，我的主要证据就是神圣的亚当·斯密。

众所周知，他的名为《国民财富的性质和原因的研究》的重要著作当然集中关注更多财富的获得以及为达到那个目标所必需的经济政策。在那本书的"引言"中，他比较了"穷得可怕"的"野蛮国家"和"文明、繁荣的国家"，在文明、繁荣的国家中，即使是最穷的人获得的**生活必需品和方便程度**也比野蛮人所可能获得的多得多。因此，这本书被看做是对增长、财富和"富足"的解释和"赞美歌"，也被看做是对阻碍给每个人提供充足"必需品和方便"之政策的猛烈攻击。

在《国富论》中，进一步发现了采用最轻蔑的术语所指代的"方便"是多么单调和令人惊奇！如果没有被适时地注意到的话，这就是该书第Ⅲ册第4章所发生的，这一章的标题是"城市商业对国家繁荣的贡献有多大"。在那一章中，亚当·斯密描述了"大财产主"对国内产品和进口品的爱好如何导致了封建关系的解体。封建领主放弃家臣，跟佃农签订长期契约，是为了能够获得由"商人和手工业者"提供的产品。这曾被描述为"愚蠢"的行为或对"他们天生权利的"放弃，而这个过程中获得的物品被认为是"小饰品和小玩意，更适合孩子们玩耍而不应该成为人们的严肃追求"，或者，为了阐明，被看做"一对钻石纽扣……或者不重要且无用的东西"[1]。

如何解释这种反对"便利"的突然责骂，而这种便利的传播在《国富论》中的其他地方受到了高度赞扬？大概可以用亚当·斯密讨厌封建制度、讨厌最初的代议制和大地主来解释，但这是否仅仅是一个例外、一个过失？这种解释可能不是，因为在《道德情操论》中，斯密使用了非常类似的贬损性语言来讨论货币能够买到的物品，尽管其购买者现在不再是那些愚蠢地放弃了某些贵重物品进行交换的贵族，而是一般公众。这是非常重要的一段，斯密早在《国富论》很久以前的这本书中就引入了他非常著名的"看不见的手"隐喻。他提到了"许多人"对"无用小饰品"的渴望，这些人包括"愤怒的上帝满怀信心探访的穷人的儿子"。这是最初的看不见的手：它组织起来的分散行动的人们不追求实际自利；在那一点上他们受到了欺骗，并且这种欺骗实际上非常大，这可以从受害者希望获得的可笑物品的类别来衡量。"小饰品"和"小饰物"再一次备受关注，又采用了"下贱的"、"不重要的"、"无用的"等形容词来修饰，为了清晰阐明，这些被冠以相关名称的特殊物品从手表到"牙签"、"挖耳勺"和"指甲剪"[2]。最终的结论极其尖锐，并且采用了一个阴沉的、霍布斯式的语调：

> 那时，权力和财富表现得好像是……设计出来是为了生产少量无用方便品的大型笨重机器……尽管它们可能给（所有者）避免了一些更小的不方便，但并不能够使他避免受到季节性的更严酷挑战。它们能够避免遭受夏季雨淋，但不能免受冬季暴风雪的侵袭，但可能会使他受到同样多，甚至更多的侵袭，使他更焦虑、更害怕、更悲哀；更容易遭受疾病、危险和死亡。[3]

这样，人们所有追求物质改善的努力都作为一种精心设计的伪装而被掩盖了，其最大可能的能量被无数追求假想目标的人们扩大了。

《道德情操论》出版于 1759 年，而《国富论》经过长期的孕育直到 1776 年才出版。亚当·斯密一直对他那个时代的物质文化持有一种奇怪的憎恶感，这段时期，他在其他著作中对经济发展和"公共富裕"高度赞扬，这段时期被刻画为缓慢但具有重大进步的商业和工业繁荣。[4] 当亚当·斯密写下英国"当时土地和劳动的年生产量无疑要比文艺复兴和革命时期的年产量大得多"时，这当然是他自己的感觉。在这一点上，斯密是支持繁荣的，并且再一次用相当正面的事物来谈论"更耐用物品"的积累。再一次提到的，除了建筑物、家具、书籍等之外，还有"更不重要的物品、珠宝、小东西、各类精致的小饰物等"，他在此处宣称，人们将收入花费在这些方面比花费在"厚重而奢华的桌子"和"养活大量的仆人"上更有用。给出的原因就是耐用品最终会逐渐地不再丰裕，在耐用品上的支出更容易得到查看，如果已经发现过剩了，那么这种支出就会直接或间接地带来更多就业。[5]

这样，亚当·斯密关于他那个时代的物质文化和增长在文字上就有两种不同的思想。他在这个方面的观点比他关于劳动分工这一众所周知的两面性更难以统一起来。[6] 根据我的观点，没有必要尽力实现这种统一：斯密的两面性反映了西方一代又一代的思想家既赞扬物质进步，又轻视物质进步的态度。比起思想简单者，思想更加变化多端的那些人具有更强烈的一致性冲动，因此我们经常发现同一个人会跟持有两种敌对思想中的一人结盟。

18 世纪中期还存在什么样的进一步证据支持我的观点？在经济扩张时期，当消费品——通常是新的类别的消费品——在更大范围扩散开来的时候，对物质文明的对抗就会出现。对英国来说，对亚当·斯密的突出事例增加任何材料都很可能是不合时宜的。对于新出现的繁荣，并不缺乏完全的、一致的谴责，对于博林布鲁克、斯威夫特、罗马教皇这类重要人物，通常采用突出的、带有贬损性的术语"奢侈"来表示，对于奢侈特别强烈的抨击是在 18 世纪日渐繁荣的第三个 25 年成功出版的：这包括约翰·布朗（John Brown）的《时代行为和准则的估计》(*An Estimate of the Manners and Principles of the Times*, 1757)，这是一部非常流行的著作；另外一本就是斯莫利特（Smollett）的最著名小说《亨佛利·克林克》（*The Expedition of Humphry Clinker*, 1771）。[7]

在法国，差不多在相同时期，反对我们今天所谓"消费主义"的最主要代表人物当然是卢梭（Rousseau）。实际上，我们发现他从其最初的著名政治小册子——《关于科学和艺术的发现》（*Discourse on the Sciences and the Arts*）——一直到他最后一部重要的政治著作——《关于波兰政府的思考》（*Considerations on the Government of Poland*），他一直都反对"消费主义"。他用一个非常喜欢使用的词语来贬毁物质世界和耐用品：colifichet。这是一个专门设计的贬义词，用来指那些没有多少用处、口味很差并且通常是轻浮的女人出于空虚和社会竞争而希望得到的不重要物品。Colifichet 在《发现》和在《思考》中都有所使用。[8] 在后一部著作中，卢梭区分了 luxe des colifichets 和另一类奢侈品，这类奢侈品有许多持有者，他们从中得到的维持生计的物品就像从封建领主那里得到的教育一样。就像亚当·斯密认为封建领主用他们的家臣交换城镇的小饰品和小东西是愚蠢的一样，卢梭也劝诫波兰人选择家臣这类奢侈品——如果他们坚持要享受奢侈品的话——而不是 colifichets。

卢梭的忠实读者和自称的学生，罗伯斯庇尔（Robespierre）后来发明了他自己的轻蔑性术语来表示物质产品世界：chétives marchandises，意思是脆弱或卑微的商品，这是一个惊人的表述，它已经非常著名，并且当基本食物的短缺扩散开来的时候，它一定具有非常惊人的价值。顺便提及，如果的确如此的话，那么 colifichets 已经深入心中的罗伯斯庇尔提出的 chétif，是否只是卢梭最喜爱术语最后两个音节的简单重新组合？不论是否如此，他在 1793 年 2 月的一次演讲中使用了这个术语。在这次演讲中，他强烈地反对人们对某些巴黎商店中食糖和咖啡的掠夺。他的基本观点是人们的革命力量必须保存以从事更有价值的目的，而不是追求像杂货这样 chétif 的东西。[9]

但是回到 18 世纪中期。在卢梭之前，魁奈（Quesnay）和重农主义者对不同类型的奢侈品进行了他们自己的区分。他跟卢梭的区分没有太大的不同，或者在那个问题上，跟亚当·斯密所作出的关于"小饰品"和"厚重而奢华的桌子"的区分没有太大的差别。魁奈区分了耐用品的奢侈（他称它们为 luxe de décoration）和过分铺张的食物支出（他称它们为 faste de subsistance），这对我们来说是稍微刺耳的东西。[10] Faste 传达了壮观和奢华，特别是与公共仪式相联系时，并且回避了与罪孽和腐败的联系，而这自中世纪以来（如果不是更早的话）一直与 luxe 联系在一起。这样，通过要求在食物 faste 和物品 luxe 上的巨额开支，魁奈强调了他的观点，跟卢梭相似（但跟亚当·斯密支持富裕的口吻相反），即在食物上大方开支要好于在那些物品上大量开支。一些不太重要的重农主义者，如尼古拉斯·博多（Nicolas Baudeau）详细地阐述了这种区分，以及对我在第二章提出的"真正日用品"的偏爱。[11]

重农主义者这种对食物优于其他物品偏好的原因完全不同于卢梭：它是按照这样的原则来表述的，即他们坚持农业是国民财富的唯一源泉，并且不仅将商人而且将工匠——他们从事"luxe de décoration"的生产——划归为"非生产阶级"（sterile classes）。但是，恰好相当显著的是：当物质世界不断扩展的时候，几个截然不同的观点集中支持对物质世界的敌视。

关于这种敌对最后一个极端形而上学的例子来自杜·德芳侯爵夫人（Madame du Deffand）的通信，她是 18 世纪多个著名沙龙的著名主持人，她常常受到疲倦（ennui）的折磨。在她写给霍勒斯·沃波尔（Horace Walpole）的一封信中，她写道："非常渴望离开这个世界"，并且给出的主要原因就是"在环绕在自己周围的所有物品中，人们发现只有空虚"[12]。

有许多来自 18 世纪英国和法国的证据支持我的假说。在下一个世纪，就像产业革命导致了前所未有的新商品和物品的大量流入，伴随这种流入而产生的大量不幸的表述很容易找到。对于亚当·斯密的小饰品和小东西以及卢梭的 colifichets 和罗伯斯庇尔的 chétives merchandises，波德莱尔（Baudelaire）不久增加了他对那些"疯狂致力于器具"（fanatiques de l'ustensile）的那些人的恐惧，而在拿破仑三世经济迅速扩张时期，福楼拜（Flaubert）反对新的、廉价的、大量生产的产品，并采用一种典型的激烈语气写道：

> 我们必须大声疾呼反对廉价的手套、反对办公桌椅、反对橡皮布、反对廉价的炉具、反对假冒伪劣的衣服、反对假冒伪劣的奢侈品……！工业已经以惊人的速度发展得非常丑陋！[13]

但是，我的确不希望将这个问题追溯到 19 世纪。这项工作非常庞杂，并且很可能也没有必要。对于我的主要观点，这已经非常清楚了：从"消费主义"的回归无论如何都是一项发明或者 19 世纪 60 年代的一项垄断。

反对新产品的多方面案例

这个发现扩大了我们的研究。当然可以想象的是，每次消费品大量涌入市场，这些产品的某些特殊特征都会引起敌视（同时，其他一些特征也会激起获取这些产品的强烈欲望）。与现代大量生产的耐用消费品相联系、与现代福利国家特许的特定服务相联系，已经清晰阐明了这可能的确是一个事实。但是，只要敌对现象重复出现，不论新产品的性质如何，一个相当简单的假说也必须接受检验：敌对是由于产品的新颖性，也由于其初次在某些新社会集团中大规模扩散。

现在，这个假说让我跟蒂博·西托夫斯基出现了分歧，他在《沉闷的经济学》(*Joyless Economy*) 中，高度赞扬了这种新奇性。无疑，新颖的产品能够提供"刺激"(stimulus)：从疲倦中的短暂放松、成为一个领先消费者的自豪感以及其他类似的愉悦。麻烦在于，也存在相对应的不愉快、不满足和失望，而这也是与新产品及其扩散密切相关的。

新颖性具有两面性并不是一个新的发现。毕竟，在语言中有几个词语反映新产品靠不住并可能产生令人失望的经验：新奇的 (newfangled)、尚未检验的 (untried)、流行的 (faddish)、小发明的 (gadgety)、巧妙手法的 (gimmicky)，除此还有一些蔑视性名词，比如小玩意 (baubles)、小饰品 (trinkets)、colifichets 等，这些都是我们熟悉的。此外，甚至还有一些中性的通用术语表示这类物品，如"物品"(object) 或"东西"(thing)，它们也带有轻微蔑视的语气。人们可能会想起戴高乐 (de Gaulle) 轻蔑地称联合国为阴谋诡计 (ce machin)。那么，什么是人们敌视新产品的主要根源呢？

提出的观点多种多样。然而，进一步观察，我们发现它们比初次表现得更集中一些。一方面，较早的观点通常在后面以不同的形式再次出现。有些观点因为相互矛盾也可以集合起来。顺便说一句，这未必会削弱正在形成的事实。相反，这些观点会吸引持相反思想或具有相反利益的集团。两对原型观点有助于阐明这几点。

第一对源于对奢侈的长期争论。新财富的引入和扩散——特别是以新产品的形式，在完全不同的两种背景下，长期以来是带着敌视被接受的。一个背景是当较低的社会阶层获得了新产品或觊觎它们的时候，新产品就构成了对社会秩序和科层制度的威胁。这个基本的反对奢侈的传统观点很可能是最古老的。有大量的证据——这些证据最早是由罗马历史学家提出来的——表明，奢侈品的扩散引起了罗马的衰亡。在欧洲主要国家，禁止奢侈法案从中世纪就开始发布，它的一个基本目的就是控制服装和照此方式的开支，以使得每一种"秩序"都停留在其适当的位置。如果对于新产品没有控制，它们就会以比控制时容易得多的方式扩散到所有阶层：暴发户（a nouveau riche）——社会瓦解的主体，就是典型的以各种新产品武装起来的那些人。

那些新产品应该对社会稳定构成威胁，因为"较低阶层的人们"能够得到它们，并且会让他们忘记处在恰当位置，稍微有点牵强地说，会打击我们；但是这个假说在不久以前（1962 年）得到了一贯富有洞察力的弗兰克·坦纳鲍姆（Frank Tannenbaum）的证实，他认为在美国首先发端的"机制小玩意"，从汽车到"牙刷、钢笔、现代铅笔"对"以阶级压迫和分层为特征的拉丁美洲和世界其他国家的社会"的确具有颠覆性、革命性的影响。[14]

实际上，早在1922年法国政治地理学者安德烈·西格弗里德（André Siegfried）就已经作出了同样的观察。他认为美国"将主导全世界生活方式的一般再组织"，并因而成为"社会变迁和革命的可怕煽动者"[15]。关于这一点，人们不禁想到了马克思（Marx）和熊彼特（Schumpeter），他们当然都强调资本主义体制的深刻革命特征。但是，他们强调的是资本主义体制在生产技术和组织上产生的持续剧变，而不是日益扩大的消费水平对已经建立起来的社会秩序破坏的贡献。

尽管下一个观点十分不同，而且人们更加熟悉，但它导致了人们对新产品的敌视：人们注意到，新产品最初主要是由上层和富裕阶级得到的；这样，这些产品就由于在穷人和富人之间造成的日益扩大的鸿沟而备受责难。而且，在社会财富广泛满足静态、零和的意义上说（不论这种观点是否正确），富人新得到的就被认为是以牺牲穷人的利益为代价的，因此穷人不仅相对状况变差了，而且绝对状况也变差了。卢梭非常形象地指出了这一点，他写道："我们在厨房里需要一些储备；那就是为什么如此多病人缺少肉汤。我们在餐桌上需要一些刺激性饮料，那就是为什么农民只喝水。我们需要在假发上擦粉，那就是为什么如此多穷人没有面包。"他的结论是："如果没有奢侈，那么就没有贫穷。"[16] 这个观点再一次以不同的形式发生了。引用一个当前的例子：发展中国家的工业化遭到了大量批评，因为它不可避免地会对收入分配产生不平等效应。根据这种经常性断言，这些国家新建立产业的产品主要流向中上层阶级。这种观点已经成为反工业化的主流观点，自从 20 世纪 60 年代中期这一直是严格的智力证据，特别是在拉丁美洲。这种观点甚至认为，穷人的绝对改善是特定类型工业化的结果或前提条件。[17]

这样，新的物质财富就处于双重约束下：如果它慢慢流向广大群众，保守派就会起来，因为它威胁社会秩序；如果它不是慢慢地流向广大群众，改革论者就会被日渐扩大的消费水平差距所震惊。并且，既然证据从来不是含糊不清的，新产品和财富就可能并且经常在两个方面受到责难和诅咒。

另一种类型的双重约束，大概是最严格的一个，源于新产品引起的不满的两个进一步要素。我们已经熟悉了这两个要素中的一个：根据亚当·斯密的公式，新发明能够"使他们免遭夏季雨淋，但不能免受冬季暴风雪的侵袭"[18]。它们不能够以任何方式改变人类困境的悲剧和令人恐惧的特征，比如焦虑、悲痛、疾病或死亡。从这种存在的有利点来看，人们为获得"不重要的"物品而付出的疯狂努力通常与他们达到的结果不相符合。即使当获得这种物品是为了牵制人类的另一种基本痛苦，比如困倦或疲倦，情形也是相同的：任何一种物品实际上能够给我们带来愉悦的时间是受到严格限制的；并且由于为了消除疲倦的目的而获得的物品只能够在相当短的时期发挥作用，而它们不能够这样做的时间却很长，并且会持续"没有用处"，它们会产生自身无法克服的疲倦。对于疲倦的愤怒会指向它们，正如杜德芳夫人的信件所表明的。

可能的是，18世纪的新奇事物特别受到了这种存在主义的批评。新奇事物的有用性和消除疲倦的能力在接下来的两个世纪里大大提高了，特别是像铁路、汽车、飞机、电影、收音机和电视机这类重大创新，更不要说医药的重大进步了。然而，亚当·斯密和杜德芳夫人的基本责难持续适用：就像我在前一章中尽力表明的，对消费者来说，尽管他们获得了比我们今天更具特色的新奇事物，但他们仍然存在失望。

斯密—杜德芳批评的目标是轻视代表新产品提出的主张，这些新产品出现在消费的视野内，并激起了他们的期望和希望。但是，还有另一种批评是沿着相反的方向进行的：向我们提出的物品不是退步的，也没有表现得用处不大和不重要，尽管它们被谴责具有潜在的破坏性，它们的发明和制造不值得尊重，但它们的重要形式不断膨胀。这类批评很可能是最老的一种。它隐含在一系列的神秘事物中，从天堂的降临和驱赶到普罗米修斯对火之发明的惩罚，从潘多拉盒子到九头怪。这些神秘事物都集中于"禁止性知识"（forbidden knowledge）的概念上，集中于我们尽力探究它就可能给我们带来的灾难上。[19] 在一个重要的逆转中，人们发明和生产的东西突然从轻佻和不重要转变到相当具有威胁性和应该遭受天谴。

可能引起思考的是，由于把教育从宗教中分离开来（secularization）和科学进步，至少是对物质世界的这种特殊批评成为了过去的事情。没有任何事物能够远离事实。"禁止性知识"这个古老概念的现代版本跟我们非常相关，在不同的一开始受到欢呼雀跃并大量生产的新奇产品所产生的负面和有害影响的掩盖下——这些影响比如汽车造成的空气污染、"麻醉药"（wonder drug）的使用造成的健康破坏，甚至是由于对进口原材料的依赖而产生的经济和政治独立损失。因此，这种观念就是，作为这些副作用（side effects）的结果，每一次进步产生的问题比解决的问题要多得多。这里有一种对古老思想进行答复的现代"科学"方式，物化在我们最重要的神话中，如果人们对知识进步的要求未加制止，可怕的后果就会随之而来。

甚至可以想象的是，一些新产品可能具有不确定的目标，可能会同时成为两种明显相互矛盾批评的靶子，我简单回忆了一下：它们作为创新和方便可能是"不重要的"，但可能具有最严重的环境和生态负面影响。事实上，列出这样的事物一点也不困难（例如不能够进行生物降解的塑料容器，或者可能威胁大气臭氧层的家用喷雾产品）。

当然，无法证明由技术进步引起的问题必定形成一个具有分歧的序列，以致厄运也不必然会发生。然而，的确好像成为事实的是，由工业社会大量产出并且由于一看就有用而发现其可被接受的新产品可能显示出了，作为人们重复和长期使用的大量结果，其慢慢出现了不利和负面的影响。为处理这种负面影响而进行的产品改进也是可能的，但这整个过程意味着第一代使用者成为了以后使用者的试验者，而他们从来没有被征询是否愿意担当这个角色。净社会收益很可能源于受欺骗的每一代，就像它们本来的那样，通过非自愿的方式使下一代受益。如果有害的副作用从一开始就得到完全考虑，消费者和公共官员很可能就不允许技术进步发生。[20] 然而，这种进步的社会成本不仅包括这种副作用对试用者一代造成的实际伤害，而且还包括消费者一旦发现他们新购买的产品不具有如此神奇的特征所产生的怨恨。

这就是由于新的物质财富的扩散而产生的多种不满、敌视和失望的某些方面。我所列出的并非而且也不意味着毫无遗漏。但是，我仍然必须提到一个最近的观点。这个观点非常流行，并且现在有时候是作为消费者失望的唯一可想象的原因被提出来的。

在《增长的社会极限》（*Social Limits to Growth*）中，弗雷德·赫希（Fred Hirsch）指出了一类特殊的影响进步社会的期望与现实之间的差距。在这些社会中，向上发展的消费者期望，当他们能够支付得起某些想要的产品时，这些产品能够产生的满足同他们还支付不起时希望产生的满足一样大。根据赫希的观点，麻烦在于这些产品中的一些只在有限数量上有效，或者它们给人们带来的愉悦主要依赖于还没有被许多人同时发现（例如许多**安静**的海岸胜地）。[21] 因此，当一个庞大的新的满怀希望的、新富起来的消费者集团准备为购买这些产品展开竞争时，他们发现，要么（比如某些印象派大师的画作）价格已经大幅度上升以致这些产品超出了他们的购买力，要么他们现在购买的是一处拥挤和污染都非常厉害的栖息地，而不是一片安静的海岸胜地。赫希使用了术语"位置产品"（positional goods），因为至少在某种程度上，购买者购买它们是标志其在社会中的地位。尽管凡勃伦（Veblen）很早之前就采用了醒目的字体"炫耀性消费"（conspicuous consumption）详细讨论了这些产品——实际上，亚当·斯密在《道德情操论》[22] 中有重要的一段对此进行了讨论——赫希的实际贡献在于指出这些产品在引起消费者使用上经常像"鬼火"（will-o'-the-wisps），并且当人们认为他已经进行了很大的物质进步而能够拥有它们时，这些产品却只能隐藏在他们身后。

这个经验尽管让人感觉很受打击，但它并不构成我对经济进步社会消费者面对的主要失望。通过强调消费者由于不能得到他想要的物品而失望的情形，赫希跟我一样忽略了萧伯纳著名论断的深刻真相，"在生活中有两个目标。一个不能够满足你心中的欲望；而另一个满足了它"。萧伯纳在这里思考的当然是人们实现满足上的基本无能力（或不乐意）。但是，没有必要解释这种"人类的本性"。相当特殊的失望和不满意——在本章和上一章已经讨论的观点——在于消费者，他们已经取得了经济进步，完全有能力获得他们心中想要的物品。"不能满足你心中的欲望"，是因为你计划为获得这个产品而支付的价格已经超出你的预期，如果手头的任务是为了促进老式的增长，它可能实际上就是好东西；因为不能够实现他们的消费目标会激励向上流动的消费者进行新的、更具侵略性的努力。消费者怀疑他们努力价值的最严重失望就是来自这样产品的经验，它们有用、也能够支付得起，但是不能够产生他们希望从这些产品中得到的满足。

　　这里无意否定赫希所指现象的现实性。但是一旦伴随消费发生的不同类型失望得到考虑，赫希的分类就可能恰恰触及了冰山一角。其大多数仍然没有被发现，因为失望的定义不符合我们的经济学课程已经建立起来的分类。

注　释

[1]　*Wealth of Nations*（Modern Library Edition），pp.388—392.

[2] Adam Smith, *The Theory of Moral Sentiments*, edited by D. D. Rapharl and A. L. Macfie (Oxford: Clarendon, 1976), pp.180—185.

[3] *Moral Sentiments*, p.183. 又见 Samuel Hollander, *The Economics of Adam Smith* (Totonto: University of Toronto Press, 1972), pp.246—248.

[4] Phyllis Deane and W. A. Coale, *British Economic Growth, 1688—1959*, 2nd ed. (Cambridge: Cambridge University Press, 1969), Chap. II.

[5] *Wealth*, pp.328—332.

[6] E. G. West, "Adam Smith's Two Views on the Division of Labor", *Economica* 31 (February 1964), pp.23—32; Nathan Rosenberg, "Adam Smith and the Division of Labor: Two Views or One?" *Economica* 32 (February 1965), pp.127—139.

[7] 布朗和斯莫利特的这些著作分别处于两部最近对 18 世纪英格兰奢侈文献详细研究的核心，这两部著作是：Simeon M. Wade, Jr., "The Idea of Luxury in Eighteenth-Century England", Unpublished Ph. D. thesis, Department of History, Harvard University, 1968 和 John Sekora, *Luxury: The Concept in Western Thought, from Eden of Smollett* (Baltimore: Johns Hopkins University Press, 1977)。

[8] 这个术语也可以在 *L'Emile* and *La Nouvelle Héloïse* 中找到，并且总是含有同样轻蔑的意思。卢梭非常喜欢使用这个相当奇怪的不常用单词，在 Littré 的词典中，他的著作提供了 9 个例证性引用的 3 个。关于《发现》和《思考》中对 colifichet 的运用，见 *Oeuvres complètes* (Paris: NRF, pléiade, 1964), Vol. III, pp.51 and 965。

[9] *Oeuvres de Maximilien Rpbespierre* (Paris: Presses Universitaires de France, 1958), Vol.9, p.275.

[10] François Quesnay, *Physiocratie, ou Constitution Naturelle du gouvernement le plus avantageux au genre humain* (Leyden-

Paris，1768），p.68. 首次看到这个区分是在《经济表》(*Tableau économique*) 中，而这在魁奈的思想中具有重要的地位。在这本以上面的名称命名的著作中，实际打印出来的术语是 *luxe de subsistance* 和 *luxe de décoration*，但是在本卷开头插入的纠错表要求读者用 *faste* 替换 *luxe de subsistance* 中的 *luxe*，而没有提到是否替换 *luxe de décoration* 中的 *luxe*。

[11] Nicolas Baudeau, *Principle de la science morale et politique sur le luxe et les loix somptuaires*（1767），重印于 *Collection des économistes*（Paris，Geuthner，1912），pp.26—32。又见 Ellen Ross, "The Debate on Luxury in Eighteeth-Century France"，未出版的学位论文，芝加哥大学历史系，1975。

[12] Madame la Marquise du Deffand, *Lettres à Walpole, Voltaire et Quelques Autres*（Paris：Plasma，1979），p.96. 此信件写于 1773 年。又见 Reinhard Kuhn, *The Demon at Noon-tide：Ennui in Western Literature*（Princeton：Princeton University Press，1976），pp. 140—147。

[13] Baudelaire, *Oeuvres*（Paris：Pléiade，1932），Vol.II, p.130, Flaubert, *Corre-spondence*（Paris：Conard，1927），Vol.IV, p.20. 在法语版本中，"Mackintosh" 是英语。这是 1854 年 1 月 29 日的信件。又见 César Graňa, *Bohemian versus Bourgeois*（New York：Basic Books，1964）一书的第 9 章，题目是 "The Fanaticism of Utensils：Bourgeois Culture as Mass Culture"。

[14] *Ten Keys to Latin America*（New York：Knopf，1962），p.203.

[15] 引自 David M. Potter, *People of Plenty*（Chicago：University pf Chicago Press，1954），p.135。

[16] *Oeuvres completes*，Vol. III，p.79（在对其 *Discourse on Arts and Sciences* 不同批评性观察的最后一次回复中）。

[17] 更详细的内容，见 Hirschman, *A Bias for Hope：Essays on Development and Latin America*（New Haven：Yale University Press，1971），

Chap.3；和 *Essays in Trespassing：Economics to Politics and Beyond* （Cambrige：Cambridge University Press，1981），Chap.5。

[18] 同前面的引用，见第 48 页。

[19] C. Ginzburg，"High and Low：The Theme of Forbidden Knowledge in the Sixteenth and Seventeenth Centuries"，*Past & Present* 73 （November 1976），pp.28—41.

[20] 这 是 我 在 *Development Projects Observed*（Washington：Brookings Institution，1967） 中 隐 藏 之 手 原 理 （The Principle of the Hiding Hand） 所提到的例子。

[21] 对于这条思路的某些早期观点，见 Bertrand de Jouvenel，*Arcadia*，*Essais sur le Mieux Vivre*（Paris：S. E. D. E. I. S.，1968），p.178 and *passim*。

[22] Adam Smith，The Theory of Moral Sentiments，p.50.

第四章

从私人关注转向公共舞台（一）

我研究的下一步能轻易地程式化为一个问题，即作为正在发生的私人消费的那种失望和敌视的全部结果发生了什么？就像已经宣称的，我将探索它是否值得回答：由失望和敌对的消费者公民转向公共行动，即集中精力于公共问题。

为了将这个问题回答得含含糊糊、似是而非，诉诸这个故事的另一部分可能是有帮助的。由于这样那样的原因，可以证明参与公共事务是令人失望的，当这种情况发生时，回归到对纯粹私人事务的关注好像是一种明显的反应，它几乎不要求调整。当然，我们不期望在这些问题上完全对等。但是，如果从关注公共事务到关注私人事务的变化在公共领域引起失望后是如此不言而喻，那么就有某些理由考虑，在相反的情形下，钟摆将会摆动到另一边，尽管很可能只有更少的力量和确定性。

对消费者失望的退出和呼吁反应

但是，这种对类推和对称性的诉诸是不够好的。实际上，对从私人事务的关注转向对公共事务的关注更直接的理解可能源于传统经济理论相当基础的命题。当消费者在时期 1 购买苹果和橘子，并且橘子比苹果更令人失望时，那么在时期 2，如果其他条件相同，他将会购买更多的苹果。这类推理也适用于非常大额的消费者支出，比如耐用品与日用品，或者物品与服务。对其效力要忍受大量不可靠结果这类现代服务失望的最初反应就是回到更加传统的支出模式。有许多内省的逸事性证据表明，支出模式的这种转变发生在个人和家庭生活中，并且弄清楚假定类型的摆动是否能够作为一个整体被观察到，或者个人摆动是否倾向于抵消，是非常有趣的。

但我感兴趣的是更加伟大的转变。如果将来被特别看作假定幸福影响者的重要私人消费经验给他们留下了失望和受挫的痕迹（印象），如果同时对幸福的完全不同追求——比如政治行动——对失望的消费者是有效的，那么在某些有利的情形下这种追求将可能出现吗？

我相信这是一个似是而非的观点。这是一个从传统理论得出的直接推断，如果将消费者处理为他知道自己是一个公民，知道他生活在这样一种文化中：私人事务和公共事务是两个竞争"消费者公民"（consumer-citizen）注意力和时间的重要分类。几年前，在对汉娜·阿伦特（Hannah Arendt）将公共生活倡导为人们最高追求的尖锐批评中，本杰明·施瓦茨（Benjamin Schwartz）

指出，许多像中国这样的重要社会长期以来一直做得非常好，根本没有将公共事务与私人产品区分开来的观念。[1]

在这样的文化中，失望的消费者转向公共行动的事情不会简单地发生；对他开放的另一个重要选择就是在跟他一直追求的完全相反的过程中寻找满足——即对世界财产的累积性处理中，在逐渐降低其雄心、欲望、甚至感觉强度的努力中。这确实就是佛教徒的理想。[2]

但是，无论在什么情况下，只要公共领域被认为是对私人领域替代性选择中的一种——当然还存在其他的替代性选择，比如寻找真理、美丽或上帝——对幸福的追求与消费行为的失望就很可能有助于公共行动的收益。公共行动实际发生的程度很可能依赖于有准备的有效性或"原因"的出现，但是在本书中，我们诉诸实际上已经被排除在我们故事之外的外生因素。

回到这一点，我一直在尽力采用纯粹的传统术语提出我的观点。对一系列行动具有失望经验的个人会转向另一系列的行动：他们会从一个系列**退出**而转向另一个系列。但是，什么是**呼吁**呢？大概是到了采用我自己的建议来扩展经济学家们分析消费者不满及其后果的时候了。在《退出、呼吁和忠诚》（*Exit, Voice, and Loyalty*）一书中，我认为，对不满，消费者主要有两类有效的反应。一种是退出，这是经济学家们一直关注的唯一反应，并且他们认为这是唯一有效的。这的确是消费者的反应，在竞争性环境中，当他们面对与供给者相关的失望经历时，寻求不同的供给来源。到目前为止，对于失望反应的观点完全建立在这种无疑是强有力的退出机制上。但是，失望的消费者还有另一种完全不同的选择，而这在经济分析中被忽略了：他们可以提出**呼吁**，并因而致力于完全不同的行动，从严格私人的抱怨（要求退款）到为了一般利益的公共行动。后一种意义上的呼吁是否因为本书描述的失望的消费经验而产生接下来就会考察。在这是事实的意义上，到目前为止沿着传统的退出思路而得出的结论，通过引入呼吁而得到加强。

仅仅根据退出—呼吁理论，这就是一个相当有意思的结果。通常，退出是一种反应，呼吁是相当不同的另一种反应，然而在刚刚提到的情形下，这两种反应将导致相同类型的行动。原因很简单：我们关注的退出是从通过私人消费寻求幸福的失望经历中退出，并且这种退出经常采取转向公共行动的方式。在其许多（尽管不是全部）表现中，按照定义呼吁当然是一种公共行动。因此，源于失望的消费经历而产生的呼吁反应将强化退出反应——转向公共行动的可能性因而会大大提高。

通过呼吁的这种强化在什么条件下实际上会发生作用？问题已经开始得到解决。当讨论购买过不同服务的消费者经验时，应该注意到，他们对低于预期质量的失望会造成对供给者的愤怒。另一方面，在无效的精神疗法给出建议的情形中，可以认为，消费者很可能会责备自己没能很好地利用他们得到的服务。而且，"愤怒"的消费者会采取哪种行动取决于——在其他因素中——其所购买商品的缺陷性质。如果消费者恰好非常不幸，并且有原因相信他收到了一个有缺陷的样品，他很可能得到了折扣或要求打折；这本质上是对私人伤害的一种私人反应。然而，如果消费者发现他购买的商品不安全，并且这是该产品的共同特征，那么就会涉及公众利益，很可能作出公共呼吁反应。[3] 同时，以这种方式失望的消费者通常也比以前更乐意质疑现存的社会和政治安排。他遭受的这种失望本身会给他提供一个梯子，就像本来的那样，让他能够用来逐渐爬出私人生活进入到公共舞台。后面，我将会处理同样的阶梯以便从公共生活回到纯粹私人关注的领域——例如，关于公共官员部门的腐败经历。

必须承认，对购买的失望直接并可预测地造成呼吁反应的情形很可能只是已经考察的全部失望经验的一小部分。举消费性耐用品的例子来说，这些消费品产生失望是由于舒适和愉悦之间的平衡非常不同于消费者在耐用品出现之前已经习惯的平衡。这些失望不会因此而导致某些公共反对。它们更像是前面已经提到的对无效心理治疗服务的失望，并非清晰的治疗甚或纯粹的反应性反应表明自身会失望。这种失望是分散的、不完全的，会造成一般性挫折，并且很可能是消沉。当然，关于参与设计出来影响社会和政治变迁的行动，这种模式很可能会依次创造一种趋势。按照这种间接方式，呼吁也会从失望中出现，而这种失望并没有为失望者创造方便的"呼吁阶梯"。

实际上，在失望扩散类型盛行的意义上，很难说转向对公共事务的兴趣是一种退出反应，还是一种呼吁反应。既然退出和呼吁是按照相同的方向推进的，这里就存在辨认的问题。两种解释同样似是而非，实际上两种反应很可能同时发挥作用。

解释生活风格的变化：意识形态和二阶意志

引入呼吁使得对转向公共行动的解释比单独根据退出来解释更有启发性。但是，它因此而在总体上会更引人注目吗？那可能要求更多的证据。仍然难以看清的是，已经得到确认的不同失望流是如何出现的，又如何发展出足够强大的力量以迫使个人改变其"生活风格"。就像已经表明的，理解这种变化的一种方式就是诉诸外部事件，这有助于唤醒沉睡在私人消费者中的公民。但是，我与其运用这些事件结束我的故事，不如在其运行中进一步把握它。

第八章将会表明，从公共生活回归到私人生活通常会受到意识形态的帮助。这种意识形态将自利行为宣称为一种社会义务。因此，就像我们通常认为的那样，沿着私人路径对幸福的顽固追求不是"事情本来的那样"；然而，它是由意识形态负责和推进的，这种意识形态调整它，不仅是根据对私人追求者有利的结果，而且是作为最确定而且很可能是唯一的方式，按照这种方式私人很可能对公共产品作出贡献。因此，有利于私人生活的意识形态观点通过两个要点维持了私人的探求：第一，满意和幸福的许诺；第二，不必对忽视公共生活有犯罪感或遗憾。这两个要点是相互关联的，因此在追求私人幸福方面失望的经历直接使分享公共生活的欲望复苏和清醒了。

因此，向公共生活的转向不会作为对特定消费经验失望的直接结果而出现。而且，这些经验要为控制私人幸福寻求的意识形态贬值负责。在这种意识形态绝对"反公共"的意义上，其崩溃很可能导致在公共事务中对有意义参与的寻找。

在前述原因中，意识形态首先支持特定的生活风格和偏好模式，并且与特定的失望经历相关，以加强由此造成的偏好改变。但是，为什么意识形态应该只被限定在放大源于消费领域及与消费相关之失望的偏好摇摆的作用？对"消费主义"的意识形态疏远——从对幸福的寻求与消费品的积累中疏远了——当然是在特定的失望经历之前就产生了，并且相对的结果也异常现实。如果我还没有处理这些情形，那么因为我的推理还在传统经济理论的假定上固守不变，并且特别是消费理论的传统假定。该理论认为其核心主体"被装扮成它们的一种包含所有目的的偏好序"，正如阿玛蒂亚·森（Amartya Sen）讽刺指出的。[4] 我的主体由于其消费经历而转变它们的偏好或"口味"，但是**在任何时间点上**，他们只有通过选择和决策才能显示出其唯一的偏好序。既然这仍然是一种主流的观点，就要尽可能地在其框架内继续研究。但是，我已经给自己设定了任务——对生活风格大规模变化的解释——由于对传统假定的巨大修正而变得容易了，这导致了在本研究下更加复杂而且更加似是而非的过程观点。

经济学家对消费者的定义非常简单：消费者的实际市场购买反映了唯一的偏好序，其存在是从观察到的选择中推断出来的。如果这些选择应该变化，那么重要的偏好是作为什么的结果而被假定变化的？就像已经提到的，经济学实际上对那些问题没有太大的兴趣。失望之余，可能的回答包括从纯粹幻想或刺激到由于对素食主义的新的信仰而放弃吃肉的决策。在经济学文献中找到的关于二元消费者选择情形的阐述通常是根据相当随意的替代性选择，比如苹果与梨，或者 A（苹果，apples）与 B（毯子，blankets）——几乎不是根据涉及生活风格变化的更加严肃决定。对后一种选择和决策的更多关注已经表明，人类能够根据其替代性偏好序列进行的购买和其他行动而将其整个偏好序列评价为和批评为"可显示的"；换句话说，他们可能同时具有几种偏好序列，并且面临着依据哪种偏好序列生活的问题。在大约 10 年前写的一篇具有重要影响的论文中，哲学家哈里·G. 法兰克福

（Harry G. Frankfurt）就集中研究了这种现象。[5] 他区分了一阶欲望、希望和意志——这是那些可以从个人的日常活动和选择中"读出来"（read off）的，以及二阶欲望或者**关于欲望的欲望**——它不必与一阶欲望一致（只有当人们通常希望通过其行动表达那些欲望时，它们才会如此）。根据法兰克福的观点，这种"对在二阶欲望形成中表现出来的反应性自我评价的能力"[6] 是人类的特有特征，并且在其论文中他提出——我认为相当有说服力——人类有能力形成二阶欲望、希望和意志的人。[7]

那些只能够显示一阶意志的人被法兰克福认为是丧失了人的本质。他提出采用一个已经在语言中使用的术语——即浪子（wanton）——来表示这种没有能力的微不足道者。浪子们完全知道他们的一阶欲望，并且从不回过头来批评或有意识地试图修正它们。那么，可以说，作为经济学最古老分支的消费理论到目前为止已经独一无二地处理了它们类人猿似的浪子。

跟"浪子"一样，"二阶意志"也成为了一个越来越有趣问题的易于处理的术语。法兰克福发展了其概念来考虑个人行动和自由意志的古典哲学问题，而阿马蒂亚·森（几乎同时）与现实情形引起的困惑相联系形成了非常类似的观点。这种现实情形是个人的自利行为导致了非最优、甚至是完全不想要的**社会**后果，就像著名的囚徒困境案例所模型化的。[8] 森表明了在下列条件下这些结果是如何避免的：如果相关个人能够设想几种其他的偏好模式，包含不同程度的其他相关行为，并且如果他们因此而在所有模式中做选择以使稍微靠后的一个表现出来领先。他将这种选择定义为"偏好序的元秩"（meta-ranking of preference orderings）（为简化表述，我称之为"元偏好"），这是一个与法兰克福的二阶意志本质相同的概念。这两个定义都包含了哲学家所谓的意志弱点或 akrasia，它可以被定义为这样一种情形，即人们不按照他们关于偏好序的（二阶或元）判断行事，并且完全知道他们在这样做。[9]

最近几年，这整个主题因为其重要性都受到了相当关注。由于健康的原因鼓励人们戒烟，或者减肥，或者锻炼等等。在我们新概念的帮助下，这些行为变化现在已经被分解为两个阶段：第一个阶段是新偏好的形成，比如不吸烟与吸烟，就像是选择这种偏好的元偏好与主体表现出来的偏好之间的关系。也就是说，在这样做的时候，通过吸烟，主体现在已经与其新获得的元偏好发生了矛盾；在日常语言中，他按照与其更好判断不符的方式行事。第二阶段实际上就是为实施其元偏好进行的斗争，这场斗争是跟自己进行的，它以所有类型的伪装、诡计和策略性欺诈为标志。[10] 作为对重要类型行为变化的描述，这种复杂的两阶段次序远比传统消费理论之简单的"口味变化"更现实得多。

相反，一阶和二阶意志之间的差别，或者偏好和元偏好之间的差别，主要是在与变化的分析相联系时有用。如果二阶意志最终与主体的一阶意志相协调，他们就只认可主体正在做的，并且几乎不会导致独立存在。如果它们最终跟主体的选择不一致，那么它们就倾向于失去实际上已经存在的可信性，并且在长期中将会降级为"无意义的、受到高度批评的抱怨和抗议"。因此，二阶意志和元偏好在从一种行为到另一种行为的实际——如果被延长和受到折磨的话——转型时期将会继承自己。

同时，必须清楚的是，这些概念有扩展的系统。它们与弗洛伊德的超自我（superego）相联系，并且进一步回到了良心（conscience）和罪过与自责（sinning and remorse）的观念。主体实际做的和他感觉应该做的（或本来应该做的）之间的紧张是一阶和二阶意志之间或偏好和元偏好之间紧张的一个重要变量。但是，更新的概念没有像更老的概念一样随着说教而扩散开，比如"对良心的呼唤"，它们也没有分散在对传统"受压抑"道德的憎恶中，这种憎恶以超自我为特征。尽管新的概念正在或尽力更加一般化，但它们也更加通用，并且我现在将要表明，它们对我现在的事业有一些用处。

正如我们从虚构小说作品中所知道的，对个人沿着新的方向变化之重要决定的富有说服力的解释，通常是通过将此前存在的怀疑和不安——二阶意志——与某些接触反应的事件或经验联系在一起而产生的。同样，解开具有历史决定意义事件——比如战争和革命——发生之原因的努力通常会造成深层根源（deep roots）或根本原因（underlying forces）和突发事件（precipitating events）之间的差别。如果我们不诉诸"基本"因素和"相关"因素之间的某些联系，我们就不能真正理解基本变化——无论是个人的还是社会的。

对于这种情形有几个原因。第一，在个人发展和社会生活中的规则是再生产，期间的任何重要变化都要求大量有利条件的异常集中，以至回顾过去，当这些条件中的每一个对其发生都不可缺少时，变化看上去过于武断。[11] 第二，也是更加重要的原因在于，根据根本原因和突发事件来解释社会变迁与人类条件的本质——在帕斯卡无与伦比的表述中，人类"既不是天使，也不是野兽"——相符合。只根据突发事件来解释我们生活和社会的重要变化就会把我们降级到仅仅是机会玩偶的地位；相反，如果将这些转变只归因为意志自动发生的变化，将使我们比实际看上去更高贵，更能够自我决策。

因此，对生活风格的任何重要变化的最好解释是把支持这种变化的某些先前存在的二阶意志和事实上的突发事件联系起来。更明确的是，主体曾经要求二阶意志刺激她采用新的偏好序，对参与公共事务，新的偏好序将比当前的偏好序产生更高的标志；在经过一段时期的不行动和犹豫之后，某些突发事件事实上会让该主体根据这些二阶意志行事。现在，此前分析的失望经验——不论是第二章中更特殊的经验还是第三章中更一般的经验——都以几种方式更适合这个安排。很可能最似是而非的是，这些经验可以被设想为一段时期反消费主义的经过纯化的二阶意志，而某些外生事件（越南战争或某些个人神经症）就会成为促使其向公共参与实际转变的事件。作为选择，失望经验在突发事件中的作用很可能只是一瞥，而二阶意志可能源于与消费不相关的经验，比如深植于年轻思想中的关于参与或服务于公共福利之重要性的意识形态。

在对失望的分析中，现在也可能探究一个到目前为止还悬而未决的重要问题。常识和传统分析都告诉我们，对给定消费模式的失望将会导致"下一期"消费模式的变化，远离有过失的商品。但是，即将发生的变化有多么重要或多么具有根本性？假定我在一个餐馆中，对我点的牛排很失望。下一次，我在其他餐馆中点牛排，还是点其他肉菜，还是决定完全放弃吃肉？为了使分析尽可能简单，我尽力宣称：在其他条件相同的情况下，失望越强烈，对失望的反应越激进，偏好的转变越可能发生。但是，人们会本能地认为，这个假说可能有一些问题：对特定肉菜的失望无论多么严重，都不可能完全解释其转变成为一个素食主义者的决定。另一方面，完全可以设想的是，特定的失望——不论是严重还是温和——在导致那种激进决策的一系列反应性行动中都是根本性的重要因素。换句话说，问题在于，特定的失望是发生在我准备严肃对待它时，还是发生在它"将要产生结果的背景"

下。这种背景正好包含表明我的饮食发生激进变化之欲望——至今仍然无效——的二阶意志或元偏好。同样，如果消费者逐渐建立起了他对当前生活风格的不满，并且隐约感觉他应该投入更多时间和精力到公共事务中，那么对他预期到的消费经验的失望——即"它一点也不令人高兴"的发现——很可能在实际引起的这种转变中起关键性作用。

当然，可以设想的是，失望经验涉及两个必须在一起才会发生变化的因素。第一，这些经验——正如第三章中提到的更一般经验——在经过一段时期后能够创造出不断增加的感情，在追求幸福与积累私人物品和愉悦之间，人们攻击错了目标。第二，由于元偏好支持新过程的采用，特定的失望经验——即与耐用品的购买相联系——能够在实际变化中发挥触发性作用。但是，没有必要提出一个如此顽固的一元论概念。我的内生偏向——把向新阶段的转变解释成只源于上一个阶段的决定——具有聚焦于到目前为止还一直被忽略的个人和社会生活方面的目的。正如我在开头所说的，我知道非内生的因素在我尽力讲述的故事中起重要作用。如果借助于二阶意志概念，那个故事的具体部分既能够被指定为外生因素，也能够被指定为内生因素，那么就会好得多。

前面对向公共活动转变的解释要求对其好像令人迷惑之特征中的一个进行评论。贯穿始终的是，向公共活动的转变是由**已经**

进行了新的购买、已经成为汽车或教育服务消费者的那些人实施的，而不是由还不能支付得起的那些人实施的。这些穷人（have-nots）不是更可能被唤起吗？事实上，经验政治学最可靠的发现之一可能会在这一点上要求给出解释：对政治的参与是与其社会经济地位高度相关的。但是，同时，我们的故事表明了对那种发现的部分重新解释。传统解释是沿着如下路线进行的：人们被赋予的经济和其他资源越多，他们越倾向于参与政治，因为这些资源对他们关心公共事务是可能的、可取的，这与他们的私人追求是一致的，可以看做一种平稳的补充性活动。考察其关系的这种方式隐含在下面的概述中："地位越高的人具有越多的政治利益，他有更好的技能、更多的资源、对政治事务更为了解，他受到更多政治报道的影响，他与其他参与者相互联系。"[12] 所有这些无疑都是正确的，但它可能并非故事的全部。有些具有较高社会经济地位者参与政治，是因为他们不再着迷于对幸福的追求和私人事务。很自然，他们在转向公共领域时，不会放弃他们已经获得的物品；但是他们的生活具有新的重力中心，并且他们的新事务与原来的成就之间很可能存在紧张而不是和谐。按照这种方式观察问题是离下面的假定较远的呼声：中产阶级的人们参与公共事务仅仅是作为他们私人生活成功的自然结果。

　　一点也不明显的是，那些类型的公共事务受到了对私人事务失望的那些人的支持。但是，从我们的情形看，这是一个合理的推理，无论如何，他们倾向于改革思想。实际上，这个推理再一次与某些社会科学假说相一致。人们很久以来就知道的是，在经济增长的过程中，向上的变动可能比全部变动更少依赖于社会和政治秩序的支持。这个初看起来令人吃惊的现象最普遍地得到了"地位不一致"观念的解释：尽管向上的变动是沿着多维社会地位——比如收入——的一个维度上升，但是大量的讲话和歧视性经验阻碍他们沿着其他维度上升，以致长期以来他们并没有被传统精英完全接受，因此很可能经历了大量的愤怒和挫折。[13] 处于上升变动的集团对已经建立起来制度之敌视突然爆发的解释，在有些国家很有说服力。在这些国家，传统精英是坚不可摧的，并且能够分化取得了值得表扬的一些经济成就的暴发户。但这不再是普遍的情形。我们强调，那些初次同意新类型消费品创造福祉的人遭受的失望。这种强调可以对下面经常被注意到的疏远给出更直接、更一般的解释：新富裕起来的集团疏远了他们在其中取得成就的社会。

已经谈到的观点——即对已经建立起来社会秩序的主要威胁必定来自对购买结果感到失望的那些人——没有什么含义。很明显，还存在压根就不能够购买的人和有更多原因失望的人。有人很可能将革命情形界定为这样一种情形：穷人的失望集中于富人的失望。沿着这些路径的思索会让我们超出本书的范围。

注 释

[1] "The Religion of Politics: Reflections on the Thought of Hannah Arendt", *Dissent* 17 (March-April 1970), p.146.

[2] 对于比较西方和佛教徒"效用函数"的一个非常有意思的尝试，见 Serge-Christophe Kolm, "La philosophie bouddhiste et les 'hommes économiques'", *Social Science Information* 18 (1979), pp.489—588, 特别是第 529—535 页。

[3] 见 "Exit, Voice, and Loyalty: Further Reflections and a Survey of Recent Contributions" (1974), 重印于我的 *Essays in Trespassing*, p.217。

[4] "Rational Fools: A Critique of the Behavioral Foundations of Economic Theory", *Philosophy and Public Affairs* 6 (Summer 1977), p.336.

[5] "Freedom of the Will and the Concept of a Person", *Journal of Philosophy* 68 (Jan. 14, 1971), pp.5—20.

[6] Ibid., p.7.

[7] 他关于这些术语的区分与我们的目的无关。

[8] "Choice, Orderings, and Morality", in S. Körner, ed., *Practical Reason* (Oxford: Blackwell, 1974), pp.54—67。又可见他的 "Rational Fools" 论文的第 335—341 页；和 Richard Jeffrey, "Preferences among Preferences", *Journal of Philosophy* 71 (July 18, 1974), pp.377—392, 通过正式逻辑对整个问题的探索。

　　这里，在试图决定法兰克福和森谁排在第一位的问题上没有太多可说的，因为这个现象的本质很久以前就众所周知，并且关于其复杂性在陀思妥耶夫斯基（Dostoevsky）的 *Notes from the*

Underground（1864）中有翔实的描述。

[9]　Amélie Rorty, "Self-Deception, Akrasia, and Irrationality", *Social Science Information* 19（1980）, pp.905—922；以及 Jon Elster, *Ulysses and the Sirens*（Cambridge：Cambridge University Press, 1979）。

[10]　见 Thomas C. Schelling, "The Intimate Contest for Self-Command", *Public Interest*（Summer 1980）, pp.94—118；以及 Gordon C. Winston, "Addiction and Backsliding：A Theory of Compulsive Consumption", *Journal of Economic Behavior and Organization* 1（Dec. 1980）, pp.295—324。

[11]　看我的论文 "The Search for Paradigms as a Hindrance to Understanding", 重印于 *A Bias for Hope*, pp.358—359。

[12]　这是对传统解释的简要表述, 这是由 Sidney Verba and Norman H. Nie 在 *Participation in America：Political Democracy and Social Equality*（New York：Harper and Row, 1972）中给出的, 见第 126 页。Verba 和 Nie 接受了这些解释, 但给出了更进一步的分析, 并且特别强调了他们所谓 "市民倾向"（civic orientation）的干预性作用。关于社会经济地位与政治参与关系的跨国分析, 又见 Sideney Verba, Norman H. Nie and Jae-On Kim, *Participation and Political Equaility：A Seven-Nation Comparison*（Cambridge：Cambridge University Press, 1978）。

[13]　关于这个主题社会学文献的综述可以在下文中找到：Gino Germani, "Social and Political Consequence of Mobility", in N.Smelser and S.M.Lipset, eds., *Social Structure and Mobility in Development*（Chicago：Aldine, 1966）, p.371.ff。

第五章

从私人关注转向公共舞台（二）

集体行动和回应

从私人到公共追求转变之任务富有说服力的解释还没有接近完成。这样，我一直试图阐明，通过消费品积累追求幸福产生了不同的失望和不满，这有利于比此前更积极地参与不同类型的公共和集体活动。

接受这个观点的麻烦在于，我们现在接受的教育表明，相对于私人行动，集体行动有很多障碍。其中的一个障碍就是参与集体行动的成本超过参与人能够从该行动中获得的收益。例如——据说这是选举中的事实，个人能够从其投票之边际作用中预期获得的收益相对于投票的成本（主要是花费的时间）非常小。这就是所谓的投票悖论——这个悖论或难题就是：为什么有如此多的选民会不辞劳苦地去投票，如果选民按照经济理性原则行事的话，他们就不应该去投票？正如许多作者已经表明的，这个悖论并不是更难解决的悖论之一——实际上本书也会指出这一点。但是，对于集体行动的障碍，我将首先转述一个更传统的观点。利用从大卫·休谟（David Hume）到保罗·萨缪尔森（Paul Samuelson）等一大串经济学家专门阐述过的公共物品理论，20世纪60年代中期，曼瑟·奥尔森（Mancur Olson）发表了《集体行动的逻辑》(*The Logic of Collective Action*)，[1] 提出了关于这个问题强有力的、影响深远的明确表述。他阐明了个人参与集体行动是多么不可能，即使该行动的预期结果对个人的收益超过了参与该行动的成本。原因就是著名的"搭便车"(free ride) 现象：既然集体行动（假定其能够成功）的结果是公共物品，而这是所有人不论其先前是否参与都可以从中受益的，那么每个人都会预期其他人会尽力提供，而自己尽力不作出贡献。结果，每个人都等着下一个人先参与——结果什么也没有发生。像公共利益协会、同盟、政党等这类集体行动集团能够建立起来并维持大量成员的唯一方式就是，伴随着公共物品的提供，分配某些"选择性激励"(selective incentives)，这可以被界定为供私人专用的利益，比如杂志订阅、保险服务等等。

现在必须回顾一下奥尔森宣称了大集团集体行动的不可能性[就像丹尼尔·贝尔（Daniel Bell）宣称"意识形态的终结"一样]，几乎与此同时，西方世界几乎差一点卷入前所未有的公共运动、游行、抗议、罢工和意识形态的浪潮。奥尔森的著作受到了广泛赞扬，这实际上主要是因为其分析的清晰性，但是这个成功的理论与随之发生的反抗现实之间的不一致却没有引起注意。这里，撇开知识社会学，请允许我斗胆概述。对我来说，看上去好像荒谬的设想是：奥尔森著作的成功在某种意义上可归功于其与随后所展开事件的矛盾。一旦后者安全地进行了其过程，发现自己身陷麻烦的许多人就会回到《集体行动的逻辑》这本书，并在其中寻找好的确证性原因，来解释 20 世纪 60 年代那些集体行动为什么从来没有在初发地发生——很可能比看上去更不现实——并且最不可能发生。这样，这本书就没有因为与此后所发生事件之间的矛盾而受挫；而且，它还从与它们的矛盾中获益，并且在许多发现这些事件是不可忍受的、完全异常的著作中脱颖而出。按照这种方式，错误的预言可能会成为社会科学中名声和名誉的奠基石！

虽然与《集体行动的逻辑》不同，但由于深知其局限性，我将尽力弄清楚大规模参与公共事务或集体行动周期性发生的原因。在这本著作中，我已经达到的优势就在于提出了一个初步的观点。能够与奥尔森的分析处于相同水平——以及与某些经济决策理论处于相同水平——的一般性批评就在于，其主题是不涉历史的，尽管它是高效的，并且甚至经常是有独创性的、迂回曲折的。事实上，很容易想到的情形是："过去的已经过去了"这一规则不可能、也不应该被观察到。首先考虑这样一种情形：努力和资源大量地投入到政策 A 而不是政策 B，尽管两个都没有前途，在关于是否投入更多资金给 A 的新决策作出时，这两个政策都还没有表现得十分明显。决策很可能偏向继续支持政策 A，因此很可能的是，好钱在坏钱之后投入。在一定程度上，这才会由于某些十分有效的原因而作出；在某些情况下，保持自尊和避免给出不坚定的形象是很重要的，特别是当像潜在的对手、朋友和联盟这些外部观察家正在关注的时候。[2] 相似地，一旦过程 A 毫不含糊地被证明是非常糟糕的，那么相反的偏向（支持 B 而不是A）就很可能被提出，这再一次是因为好的理由和对某种经济理论的无视，根据这一理论，"沉没成本"（sunk costs）在决策时应该不被考虑。这就是我们对可以想象到的历史教训为什么如此经常反应过度的原因。

回到本书提出的观点，假设有一群人在通过私人消费寻求幸福的时候遭受了大量失望：他们比刚刚开始那种寻求的人在参与集体行动上更加"成熟"。如果一对情侣中的一个（或者两个）是因为另一段感情的不幸告终而处于失意期，那么这通常就能够解释那些令外人迷惑不解的对伴侣的选择结果了。这类"反弹效应"能够阐明我们的许多社会选择。这有助于扩大行动的收益，低估行动的成本，这提供了一个针对此前已经采取的并且已经变坏之行动的对应点。另一种按照经济学家的语言表达这个问题的方式是说，某人已经介入的交易变糟了，具有相反特征的交易可能具有**负的交易成本**（negative transaction costs）[作为替代性选择，我

们也可以说交易收益（transaction benefits）]。这个交易实际上是
受到补贴的——这不是来自别人，而是来自交易者自己。[3]

我对在似是而非的问题上运用了如此多的笔墨感到抱歉，而
这些似是而非的问题必须对普通读者具有明显的一般意义。但
是，作为长期追求精致过程的结果，经济分析已经远离了一般意
义，以至于在使用经济学概念时重新建立经济学和一般意义的联
系有时候就不再是一个简单的问题。

实际上，在经济写作中，应该给"回应"对应物的唯一领域
就是对移民的分析。在这个问题上，对该过程的现实描述来说，
运用著名的"过去的已经过去了"这一规则是明显不可能的；如
果不考虑过去的经验，只根据与未来相关的成本收益计算而模型
化移民的决策也是明显不可能的。因此，长期以来对移民的分析
是根据所谓的"推动"和"拉动"因素，而推动因素是与我在这
里提到的回应严格对应的。非常有意义的是，对移民决策的解释
能够回溯到成本—收益分析和决策理论的初步发源时期，因此这
不可能阻断对主体问题的现实（如果是不严格的）处理。

我接受这样的观点，当考虑回应时，很大一部分所谓集体行
动和公共事务参与之谜就都不存在了。但是，这种效应本身只会
降低假想的集体行动的主观成本、提高主观收益，因而并没有解
决搭便车的逻辑。也可以认为，让转向集体行动的可能性依赖于
部分决策者的系统性估计偏差，这是令人不满意的。我的确不同

意这个目标，因为就像已经提到的，犯错误是人类的一个最重要特征，因此，一旦回应被假定掉，大部分的现实世界就将不可理解。

即便情形的确如此，回应也只是理解向公共行动转变的一种片面方式。仍然存在关于搭便车的观点，即理性的个人，受个人利益的驱动，通常站在局外人的立场上期望其他人"干脏活"，只要他人尽力，其结果也能够被自己享受，而不论自己是否参与产生这种结果的合作。关于回应实效的观点已经对推理的思路提出了一些质疑，因为它意味着失望的消费者在转向集体行动中寻求到的满足不仅仅源于这种行动预期的结果。正是这个问题需要更详细的讨论。

为什么搭便车遭到唾弃？

我现在暂时回到西托夫斯基《乏味的经济学》一书，我从这本书中受益良多，并且就像通常所发生的，该书也通过许多我对其观点存在不同看法的"隐含争执"激发我的思想。在这本书的第二部分，西托夫斯基对许多富含新奇和产生刺激的活动进行了评论，这些活动能够提供愉悦，而这种愉悦在包含大规模相同消费品的环境中不再产生。他提到为家庭剪花、制造手工艺品，去电影院、歌剧院这些文化活动，以及去咖啡馆、酒吧等。除了最后一类活动，他将关注点指向了基于愉悦刺激的通过更新类型私人消费的某种购买，包括存在无限差异的文化消费。他对美国消费模式的批评通常很尖锐，同时他为最大化满足而推荐的生活风格类型却具有奇怪的沉闷质量：它包含对新愉悦的无情寻找，并且它让人们想起了浮士德（Faust）强制性、灾难性寻找的一个早期阶段，这是歌德（Goethe）笔下的英雄通过宣称下面这段话而表明的自身特征——并且进行了抨击：

> 这样，我从产生欲望到得到满足而蹒跚前行，
>
> 在得到满足后，我又因为新的欲望产生而死亡。

带着他寻找新奇"小玩意和小饰品"的强烈欲望，西托夫斯基的理想消费者同样类似于唐璜（Don Juan）对肉欲、色情、冒险、刺激和快乐的无止境寻求。

西托夫斯基实际上知道这类强烈的愉悦寻求并不必然是每个人所喜爱的，因为他在这一点上曾经满怀钦佩地提到"满怀无法抗拒生活——工作或爱好——激情的人们，他们所有其他事情都归属到生活之下"（p.75）。但是，他好像将这类人看做一个很小的精英集团，并且认为他们的方法对大多数人来说并非有效。在这本书中，他从来没有明确地讨论一种替代性选择，这种选择对消费者公民是开放的，而这远离了以自我为中心的舒适和以自我

为中心的愉悦之间的选择：通过参加运动、参加社团、提倡事业、参与公共生活等等。

既让人感觉奇怪但又容易理解的是：为什么纯粹私人和自我中心生活挫折以外的这种方式不应该按照西托夫斯基其他的综合性消费者选择记录来处理：奇怪是因为在私人和公共生活之间选择的问题一直是西方关于人类行为思想研究的基本问题，从亚里士多德（Aristotle）和西塞罗（Cicero）到霍布斯（Hobbes）、卢梭（Rousseau）、本杰明·康斯坦特（Benjamin Constant），从马克思（Marx）到汉娜·阿伦特（Hannah Arendt）；另一方面，容易理解是因为在现代条件下，在人们非常长期的生活中，人类规范活动的很大比例是致力于私人事务——因此，不将公共生活和公共参与看做对**实际的、当前存在的**私人为中心活动的潜在替代好像是安全的。这个问题很可能通过一个笑话得到最好的阐述，这个笑话在"自私的"20世纪50年代是相当现实的。有人问一位已婚妇女在家里谁做决定，她回答道："当然是我丈夫做重要决定，而我做不重要的决定。""那么，请给我举几个重要的和不重要的例子。""好的，我决定在我们的下一个假期去哪里，孩子应该上私立学校还是公立学校，我们是否应该买一辆新汽车或新房子，等等。""那么，什么是你丈夫作出的重要决定呢？""好的，他决定对于在美国南部诸州废除种族隔离制度应该做些什么，如何处理中东冲突，我们是否应该承认红色中国，等等。"符合那个时代的"私人"趋向，与"修剪个人花园"作比较，这个故事讽刺了人们华而不实、没有任何价值的对公共事务的关注——此后60年代来临了，发生了公民为争取权利的游行、反对越南战争的大规模抗议等，这表明甚至对偏远地区的家庭来说，真正重要的决定很可能突然转向了这些对公共事务的处理。这个笑话不可能再讲了；它已经成为不可理解的了。

实际上，进一步观察一下西托夫斯基所举的特别具有"刺激性"和"新奇性"而不是舒适之活动的例子，很可能就会看清楚公共关注和公共利益的一些要素。在讨论不同国家消费模式和闲暇时间运用之间重要差别的时候，他非常有力地指出，法国人和英国人比北美人花费更多的时间在咖啡馆、酒吧或类似的公共场所。西托夫斯基将这种差别归因于欧洲人对"刺激"和"新奇"的更强烈欲望。但是，一个可能的不同解释是：法国人和英国人在这些公共场所聚会逃避了他们纯粹的私人活动，讨论各种类型的公共关注的问题，从现代体育和丑闻到价格上涨和即将到来的选举，并因此而致力于具有公共利益的活动。聚集在咖啡馆和酒吧，法国人和英国人因此很可能不像对公共活动的偏好优于对私人活动的偏好一样表现出对愉悦优于舒适的偏好。我相信，这的确如此。但是，要深信这种观点，与私人关注的活动相比较，公共活动和参与的性质必须详细探讨。

公共活动的一个重要吸引力恰好就是现代条件下私人愉悦最

重要特征的对立面：通过收入生产（工作）对后者的追求很明显是从这些愉悦最终快乐中划分出来的；在公共幸福的追求与其获得之间并不存在这种明显的划分。就像我在前一种情形下提到的这个问题，[4] 争取公共幸福的努力（在某些具体的方面）与其获得之间不可能清晰划分。实际上，追求公共幸福的行动通常恰好就是仅次于实际拥有那个幸福的最好事情（并且有时候不是仅次的最好事情，而是整个过程的最好事情，这是由于对公共倾向活动的结果具有不同的失望——但对于后者更多）。

在这个方面跟其他方面一样，公共倾向的活动属于一个人们行动的集团，这个集团包括对社团、美丽、知识和救助的寻求。所有这些活动都"具有它们自身的名誉"，就像某些老掉牙的词语所具有的，但是在这里实际上会发生什么仍然需要更好地理解。为了回复关于那个问题的新鲜视角，首先最好提到帕斯卡（Pascal）关于寻找上帝问题之本质的观察：

> 基督徒不得不拥有无穷多商品的希望与实际快乐混合在一起……因为他们跟希望自己生活在一无所有王国的那些人不同；相反，他们希望神圣，希望源于不公平的自由，并且他们分担它。（*Pensées*，540，Brunschvicg edition）

这里，这些活动的特殊性质，就是说，争取与获得之间的融合——或者混淆，得到了非常好的表述。

一旦这种参与公共产品集体行动的主要特征得以理解，关于这种参与以及参与障碍之"经济"观点的严格局限性就会立即被看出来。争取与获得之间混乱的含义就是公共利益行动的成本与收益之间的净差额消失了，既然争取——应该进入成本一边——成为了收益的一部分。[5]

对我们专横的底线智力来说，这是一粒要吞咽的坚硬药丸。因为我要说的是，在我们循环的某个阶段，对个人来说集体行动的收益不是想要的结果与提供给他或她的努力之间的差距，而是这两者大小的和！紧接着得出的更令人吃惊的结果是：既然集体行动的产出和目标通常是对所有人有效的公共产品，个人能够提高集体行动所产生收益的唯一方式就是提高**自己的投入**，即代表他自己所赞成公共政策的努力。一个真正最大化的个人不是偷懒和尽力搭便车，而是在他自己的其他重要行动和目标设定的限度内，尽可能积极地努力。实际上，需要限制这种为公共利益而采取行动存在特定失望根源的积极主义，这将在下一章中说明。

从本书引用的观点出发，培养对不得不"生产"之公共产品的口味以及尽力"搭便车"而让其他人代表其利益拼命努力的个人，不仅仅欺骗的是社区——就像"搭便车"比喻所隐含的，**他们首先欺骗了他们自己**。

这个问题在古达·迈尔（Golda Meir）1977 年接受的一次采访中得到了清晰的表述。她说，当她在 1921 年移民的时候以色列的生活是如此困难，以致"人们问我为什么来。我说我是自私的……当我听到这里正在发生的事情时，我认为它们将不再独自发生。我不会参与其中吗？不，我必须成为其中的一部分。我假定的，正是这种纯粹的自私……"[6]

我关于搭便车将以这种方式遭受唾弃的观点主要依赖于这样一种判断，即争取和获得之间的差距是考虑公共行动一个阶段的特征。如果这个观点被翻译成某种不同的语言，很可能更具说服力。为此目的，回到第二章关于舒适和愉悦之间的差别是有用的。舒适被界定为没有不舒适——一个最好的例子就是酒足饭饱的感觉。然而语言并不总是与这个术语完全一致——我们不仅提到吃的愉悦，而且提到"酒足饭饱"的感觉——无疑，一顿饭的总效用包含这两个要素，而吃的愉悦与"酒足饭饱"的感觉是完全不同的。然而，还存在需要考虑的另一个阶段。在饭前，必须要投入时间和精力赚取为吃饭付款所必需的收入：这是个人确保愉悦和舒适双重收益必需的成本。这样，在私人消费活动中，酒足饭饱或舒适的状态发生在被分成成本部分（为获取产品赚取收入的那段时间）和随后愉悦部分（商品被逐渐赞赏、经历和消费的阶段）的时间段之后。

我所谓的考虑公共行动的争取与获得之间的差别如果暂时提到私人消费的话，就更容易理解了。实际上，我确信成本部分与酒足饭饱前愉悦部分之间的清晰分界点在考虑公共行动的情况下倾向于消失。**在这里，愉悦部分渗透到成本部分，并且充斥着自身的经历**。很容易形象化这个实际上被严格限定为考虑公共行动的过程。甚至在我们日常工作的劳动过程中，我们有时候也会"提前享受到"某种周期发生的私人快乐——每月薪水的发放会成为对我们的报酬。但是，将成本融合进愉悦部分是不考虑日常私人消费活动的更加典型特征，即使它们并不必然是关于公共行动的。最好的例子很可能就是**朝圣**（pilgrimage）现象，传统上它包括向遥远神圣地的长途跋涉，在这个遥远的神圣地进行祈祷和其他的信仰活动。"它全部的要点就是出发、前进，一直到达所有人都赞成的遥远圣地。"[7] 很明显，将长途跋涉归类为成本，将在遥远圣地的逗留和朝圣归类为收益毫无意义。在旅途中遭遇的不舒适和面对的危险是朝圣所寻求的全部"阈限"经历的一部分，而与朝圣地点的距离通常会激励而不是阻碍人们决定去长途跋涉。[8] 与中世纪朝圣非常接近的内容在今天也能够找到，大部分是在非宗教活动中。例如，根据对巴西球迷的调查，在比赛中里奥（Rio）球迷的参与和球迷的家离城市体育馆的远近无关，主要是由于真正的球迷将长途跋涉看球赛作为消遣的一部分，作为对他所支持球队的一种义务。[9]

　　并非很容易理解的是，通常被当做成本的活动在不同的环境下会成为收益。解决这个问题的一种方法是区分日常和非日常事业。关于日常工作，无疑在人们的意识中，工作会带来预期的结果——给定的工作，或一小时劳动，要么会直接产生众所周知的、广受欢迎的结果；要么会让工人具有获得特定货币收入的权利，而这些货币可用于购买食物或其他想要的物品。在这些条件下，整个过程被分解为手段和目标，或者成本和收益，它几乎是同时发生的。另一方面，在非日常活动中，比如为公共政策所做的努力中，通常存在一些努力是否包含着成功的不确定性。很奇怪，这种不确定性不仅仅产生焦虑。没有先例或者其成果没有保证的事业被看做是特别神圣的：努力现在成为"争取"，尽管在对不确定性的补充中，就是这种争取被赋予了具有愉悦经历的感觉。

但是，作为公共行动初次实施之特征的争取与达到之间的混淆也可以通过两个更少推理性的考虑得到解释。在第一种情况下，公共行动通常是激进认知变化的结果，非常类似于显示。大量的人口随着这样一种感觉而不断成长：现有的社会和政治秩序不受制于变化，或者在任何情况下无力引起这种变化。在这种情况下，突然认识到（或明确了）我能够采取行动让社会变得更好以及我能够让其他具有相似思想的人参加这个目标，这种认识就是令人愉悦的，事实上它本身是令人兴奋的。为了尽情享受那种愉悦，社会实际上不必迅速变化：按照它很可能足以引起变化的多种方式行动是足够的。[10] 很明显，如果没有实现变化，失望就会出现。但是，那种反应属于故事的后一个阶段。

其次，存在相反的令人愉悦的经验：不是我能够改变社会，而是我在公共舞台上的工作和行动改变并且发展了我，而不考虑我取得成功的世界状态的任何实际变化。就像赖安（Ryan）在已经提到的对詹姆斯和约翰·斯图亚特·穆勒（James and John Stuart Mill）的研究中表明的，这是小穆勒将对公共事务的参与本身看做产品而不是实现目标之手段的原因——那是他父亲的严格功利主义观点。参与将会"捍卫被动性、惯性、胆怯和智力停滞"。约翰·斯图亚特·穆勒支持的公开而不是秘密选举被他自己提倡为密切参与中的一个成分，这

> 涉及让你自己受到新的影响、世界的竞争性观点、对你的能力的新需求。这样，寻求符合你自己利益的政策好像就不可能了；它是——面对它而很紧张的——社会和政治教育。[11]

按照典型的维多利亚方式，政治参与的愉悦在这里变得相当严格。但是，在政治活动导致自我发展的意义上——20 世纪的观察家必须记录对这种经验一般性的大量怀疑——它最终是令人愉悦的。

这个讨论的结果就是存在与公民为公共幸福而努力相关的大量事实。实际上，这种努力通常可以与吃喝等令人愉悦的经验相比较：我们提到公民"寻求"或"渴望"公正，[12] 并且托克维

尔写下了"我们少数人"一直在发展的"对自由的渴望"[13]。就是在这种争取公正与自由的行动中，渴望平息了，欲望得到了满足。那么，谁还会想错过所有那些积极的愉悦并尽可能搭这些过程之愉悦且通常有些令人失望之结果的便车？在这些环境下选择搭便车等于放弃美食而吞咽能产生饱食感但不是特别有效的药丸！

注　释

[1]　Harvard University Press，1965. 对奥尔森的某些随后的批评是由 Brain Barry 对我 *Exit*，*Voice*，*and Loyalty* 一书的评论性文章（*British Journal of Political Science* 4 [February 1974]，pp.79—107）引起的。在那篇文章中，他批评我没有充分注意到奥尔森的观点与我的观点相比时所具有的解释力，特别是关于"呼吁"预期——即私人公民参与公共行动——的观点。

[2]　见 Charles Wolf, Jr.，"The Present Value of the Past"，*Journal of Political Economy* 78（July—August 1970），pp.783—792。

[3]　当然，成本—收益分析也重构以包含回应。在 A 之后发生的特定行动 B 的收益不仅包括 B 的直接正面效果，而且还包括不再卷入到行动 A 中所产生的满足。但是，这当然不再是成本收益分析通常理解的，从术语上讲，它可以被定义为涵盖每个可以设想人类行为的决策模式。关于"扩大"最大化概念以包含任何人类行为之努力的类似批评，见 Harvey Leibenstein，"'The Missing Link'— Micro-Micro

Theroy", *Journal of Economic Literature* 17（June 1979），pp.493—496。

[4]　*Essays in Trespassing*, p.216.

[5]　在其杰出研究 "Two Concepts of Democracy：James and John Stuart Mill" 的一开头，Alan Ryan 通过问下面的问题而提出了同样的思想："……[关于] 参与，我们能否做到这样一点：即不仅要加进我们此前考虑不足的收益作为已经提高的自我意识，很可能它们是如此之多，以至使其不再是净成本，而是净收益，单独来说，它具有工具效果？" 见 Martin Fleisher ed., Machiavelli and the Nature of Political Thought（New York：Atheneum, 1972），p.80。

　　对于这种观点的另一种正式表述是由 James E. Krier 和 Edmund Ursin 在 *Pollution and Policy*（Berkeley and Los Angeles：University of California Press, 1977）给出的，pp.270—271。为了阐明危机如何刺激市民的反对并进而促成政策制定，他们注意到在这些危机中，市民将参与不仅仅只看做一种花费时间和金钱的努力——这是产生想要的政策所必需的，而是将参与公共利益的行动看做他们消费的一部分，是能够直接产生愉悦的。同样，Allen Buchanan 在 *Philosophy and Public Affairs* 中发表的文章 "Revolutionary Motivation and Rationality"（Fall 1979），pp.71—73，非常简短地提到将 "过程利益"（in-process benefits）看做公共产品问题的一种可能解决办法。

[6]　Marilyn Berger, "Golda Meir Speaks Her Mind", *New York Magazine*, *December* 12, 1977, p.12.

[7]　Victor Turner and Edith Turner, *Image and Pilgrimage in Christian Culture*（New York：Columbia University Press, 1978），p.7.

[8]　Turner and Turner, pp.7—11.

[9]　Janet Lever, *Soccer Madness：Sport's Contribution to Social Integration in Brazil*（即将出版，University of Chicago Press, 1982）。

[10]　见 Aristide R. Zolberg，"Moments of Madness"，*Politics and Society*
　　　（Winter 1972），183—207。Zolberg 将这种时刻定义为人们突然感
　　　觉"所有的情况都可能"的时刻，并且阐明了从 1848 年到 1968
　　　年间现代法国历史上不同的危机点。

[11]　Ryan，"Two Concepts of Democracy"，pp.104—106.

[12]　帕斯卡在 *Pensées* 中提到了"对公正的渴望"，264（Brunschvicg
　　　edition）。

[13]　完整的句子为："对于它将要做些什么呢？我们中正好存在少数
　　　顽固的老人，他们已经发展出对人类自由的渴望……并且他们绝
　　　对不能放弃它。"1854 年 2 月 19 日写给 Gobineau 的信，*Oeuvres
　　　completes*（Paris：Gallimard，1959），Vol.9，p.212。

第六章

参与公共生活的挫折（一）

我们的公民由于此前集中于与私人消费目标相伴而生的失望而被迫进入到公共领域，他们在这一点上深深地卷入某些公共利益活动中，放弃了奥尔森所提出的坐等搭便车的努力。但是，故事到此并没有结束。公共领域的生活本身存在很多失望；如果反过来发现它们也是被迫的，那么私人—公共—私人的故事就将永远不会完成。相比较而言，这部分好像是不言自明的，因为我们所有人都非常熟悉许多努力所固有的挫折而不愿改进世界状态。然而，在通过获得全世界的产品而寻求私人幸福的情况下，这种通常的熟悉很可能阻止了远不是透明过程的探索。

接下来的研究跟此前不同。对于私人消费追求，我们开始集中在潜藏于所购买商品——比如耐用品与非耐用品、服务与商品——不同的较高次级分类中可比较的失望。如果潜藏于其中一个类别商品的失望被发现是相当高的，并且如果这类商品最近占据了消费者全部购买品的很大部分，那么很可能就会推断出私人消费经验总体将更具失望倾向。对于公共活动，通过区分社区工作（P. T. A. 等）、当地政治和国家政治这些类别而按照同样的方式推进是可以想象的。但是，关于这些不同参与可比较的重要性，特别是关于随着时间的推移而发生的从一种类型参与向另一种类型参与的集体转变，人们知道的就相当少。另一方面，历史的观察跟反省一样都产生了关于公共追求之失望的某些重要原因的大量知识，我将会直接转向这些原因。如果基于私人动机和反应，沿着这条思路，对于不同时期发生的公共生活之不满的集体浪潮本身没有多少可说的。按照这种方式，对于公共生活失望的浪潮通常可以理解为向公共参与之早期集体转向的反响和回应；如果能够阐明这种参与之失望是由现代社会的制度特征而系统产生的，它将会获得说服力和一致性，就像本书所部分讨论的。

我们想象力的贫乏

对"公务人员"（public citizen）为什么遭受失望之原因的研究通常是从前面提到的萧伯纳（Bernard Shaw）关于我们生命中存在的两种策略的双关语开始。先考虑不满足。对一个事业长期但总是不成功的鼓吹通常会引起受挫感，并且最终会由于感到该努力不见成效而放弃。另一种可能性是在名义上获得了成功，但在成功中该事件逐渐变得比预期的越来越不具有吸引力；特别是，它可能会获得自身的动力，逐渐偏离早期活动家的观点，或者成为一个真正的怪物，比如当其"吞食自己孩子"的时候。结果很可能会再次成为幻想，并且很可能会造成从最初倡导的公共领域退出（如果他们没有被吞食的话）。然而，成功之后退出的另一个原因很可能在于不再有行动的需要：共和党人在君主政体解体之后，独立主义者在成功分离之后，还有什么要做的?

然而，事实上，人们作出放弃继续参与公共行动的决策，不像一个消费者决定不到一个让人失望的餐馆吃饭那样容易。在威胁要失控的情形中，利益相关的参与者会长期对事实视而不见；并且一旦那不再可能，他们很可能会在停止之前尽力使该行动的过程稳定下来。

另一方面，考虑不能实现其宣称目标的公共原因。这里，退出不是已经被放弃的结论。在大部分时间中，公共行动的结果不可能不含糊地获得成功或失败的资格。公共行动的目标不是拥有像苹果或冰箱这些消费者相当清楚其性质和用途的商品，而是期望通过某些法律或政策的实施、选举结果或者对所厌恶体制的放弃来达到预期的"世界未来状态"。换句话说，公共行动的预期结果是公民想象的产品，这些想象太有希望以致不可能偏离作为公共行动结果所达到的现实太远。想象和现实之间的差距可以用自我欺骗的社会需要来解释，也就是说，如果甚至很小的进步也需要巨大努力的话，就需要放大预期从集体行动中获得的收益。[1]但是存在一个更加简单、更少目的论的解释。

人们想象社会变化的能力是完全不受限制的。在历史上的大多数社会，变化是如此缓慢以致变化的观念一点也没有被接受。最近，直到并且包括现代早期，作为完全可以观察到的、大规模的、灾难性历史事件——比如罗马帝国的崩溃——的结果，衰落（decline）和腐败（corruption）（在内部退化的意义上）的观念有了显著发展，关于长期可能变化方向的思考占据了主导地位。直到启蒙运动和法国大革命时期，那种观念才有了坚实的根基，社会才逐渐地变得更好。但是，想象更好未来的努力仍然很简单、很图示化；它们通常会抓住在许多重要方面与现实状态直接相反的事件状态，而不是仅仅与它不同。我们只是不能够想象严格受限的进步，对相反的力量充分妥协和让步，那是在某些放大想象推动下所实施行动的经常性结果。[2] 给定这种诉诸激进变迁的现代想象倾向，及其想象中间结果和半途客栈的不可能性，公共行动的结果典型地缺乏预期。对此前提到即将转变成共和制的君主制情形：在与君主制斗争时，共和党人想象的共和制类型很可能是比他们实际实现的君主制类型更加理想的状态。我们不必过分担心最终的结果，在一系列的集体行动实现之后，对于拥护集体行动而言没有进一步的公共理由是有效的。

在替代更加适合的预期中，非常荒谬的是，我们想象力的贫乏产生了"总体"变化的想象。只要这种事件状态盛行，对结果的不满意就与公共利益行动一直相伴而生。但是，这种不满意本身并非人们必定预期厌恶这种行动的理由，意志最薄弱、最幼稚的公民除外。在这个方面，对公共行动结果的不满意很可能与源于私人购买和消费行动的失望具有完全不同的结果。在后一种情况下，退出反应，也就是转向其他商品和追求的偏好迅速变化，通常是可以预期的。相反，在公共行动中，结果的部分和不完全性质不仅可以解释为失望，而且还可以解释为鼓励。在每一次进步之后还有未完成的事业这一事实很可能会延长公众的能量，并因而延迟他们对于私人追求希望给出比以前更高优越性的时间点。

过度承担义务与沉溺

有必要探索人们厌恶公共利益行动的更重要原因。对于它实际上经历的方式，对于这种经历与预期之间的可能冲突，与只考虑这种行动更满意或更不满意结果的做法不同，不管结果而集中于公共行动的性质很可能更有意义。

从一开始就致力于公共行动的那些人一个非常普遍的经验就是，这种行动占据了比最初想象更多的时间。这种事件状态的一个原因隐含在前面刚刚讨论的我们想象力的贫乏中。如果我们能够系统地预期到比实际要发生的更彻底的变化，那么既然行动要花费大量的时间，那么要达到与想要目标接近的目标所花费的时间比最初分配的时间就要多得多。

这是关于公共行动预期成就误算的另一个方面。对行动者来说，最初计划努力的不足在行动付诸实施之后不久就明显起来，以致压力将会上升并逐步提高最初计划的强度。换句话说，很快就会表明，公共利益行动占用的每天或每周的时间超过了最初的计划。

失望源于愉悦行动的预期和实际经验之间的差距。关于有计划愉悦行动的重要层次与其持续时间有关。花费在给定居民消费活动上的实际时间系统性地超过了实际预算在该活动上的时间，这种超过将成为失望的重要根源，尽管那个行动本身是相当令人愉悦的。如果餐馆的服务过分缓慢，不管其食物多么好吃，都会让人感到失望，这非常类似于这样的观察，即我非常感兴趣的一件公共事务占用的时间远远超出我最初想花费的时间。[3]

在这里必须注意到私人生活和公共生活的非对称性。私人追求很容易充满我们的生活，并且全部挤出涉及公共利益的行动；事实上，那就是在现代条件下大部分时间所发生的，并且被冠以一个不太美丽的名称"私有化"。但是，仅在例外情况下才会发生相反的过程，如果我们通常将睡觉和"体力保持"看做重要的私人活动的话，这甚至一点都不会发生。由于从事公共行动要花费原本可以致力于私人消费的时间，并且很可能挤占了通常用于收入生产的时间，公共行动的机会成本在某些点上就稳步上升。因此，在公共事务上所需要时间的低估很可能让人感到具有很高的成本，并预期会引起对"居民经历"的强烈反应。

在现代条件下参与公共事务倾向于占用太多的时间，长期以来这个观点在围绕现代民主性质的争论中一直是一个重要的观点。在对卢梭的批评——他至少在《社会契约论》(*contract social*)中极力主张古代雅典模式的最大化参与——中，本杰明·康斯坦特提出，在"对我们来说自由越珍贵，政治权利的行使为我们的私人利益空出越多时间"的背景下，支持代议制(representative)政治而不是多数人参与政治(mass-participatory politics)。在同一篇演讲的其他地方，他解释道，在现代国家，"每个人的时间都被投机买卖、实业以及他获得或希望获得的愉悦占据了，因此他希望离开这些事务的时间要尽可能地短、次数要尽可能地少"[4]。

康斯坦特指出了在工商业时代由私人活动引起的对时间的需求日益提高。他抨击不考虑这些新现实的政府模式为不可行的或糟糕的，[5]并且他已经具有预言性。如果我们规定：(1)公民在公共事务上花费的时间可能只是严格受限的一部分；(2)他们所有人都必须能够参与主要的政治决策，那么符合这种做法的一种方式就是让所有公民都定期高呼他们对其领袖(The Leader)的完全的、热情的和毫无疑义的支持。众所周知，这种"节约时间"的多数人参与方法已经被我们这个世纪最令人厌恶的政治制度发展成了一种完美的艺术。

康斯坦特强调了新的工商业时代私人追求的扩张主义（expansionist）倾向（考虑到时间）。事实上，就像对《社会契约论》的解读一样，卢梭并非不知道这些问题。在 *Lettres écrites de la montagne* 中，他提到了将全职公民的雅典模式转变成现代商业国家的困难，即使是转变成像日内瓦这样的准城市国家（quasi-city-state）也很困难。[6] 在一个片断中，他以"论公共幸福"（On public happiness，Du bonheur public）为题作了特别严格的阐明："人们苦恼的原因是……人与公务人员之间的矛盾；要让一个人成为公务人员，你就要使他获得跟他尽力得到的同样幸福。要么让他全身心投入国家，要么让他全身心投入自己（他的私人追求），但是如果你让他分心，你就会让他心碎。"[7]

以比康斯坦特更加对称的方式，卢梭在这里隐含着对幸福的**两种**追求——私人追求和公共追求，已经固有地独占了雄心，而且二者之间的稳定均衡是不可能达到的。

公共行动会过度地占据现代公务人员的时间在奥斯卡·王尔德（Oscar Wilde）对社会主义的反对中有很好的表述。他说，它无法运行，因为它占用了太多个夜晚。[8] 在沿着本书发展出来的思路方向上，这种特征鲜明的陈述比康斯坦特的陈述走得更远：它表明了一个过程，在这个过程中，如果一个人最初在这些活动上许诺了过多时间的话，以后将会为此感到遗憾。

对于过度承担义务（和由此造成的退出及其原因）的最简单解释就是最初不知道公共行动对一个人时间的需求，这与通常对私人消费活动所必需时间的相当完美的有效信息是不同的，私人消费活动在本质上是可重复的。就像我在前一段时间提出的："给《纽约时报》匆匆写一封信与吃一顿早饭相比，与最初估计和意图相关的超时……更可能发生。"[9]

一旦无知作为投身公共活动者过度承担义务之特征的主要近因，随之出现的问题就是他们为什么系统地**低估**了完成目标所需要的时间。对此有许多似是而非的解释。首先，从事一项新的公共活动者通常会在这样一种幻觉下行事：这些活动是在并非不知道或牺牲 一个人的通常工作、职业和愉悦的情况下非常容易提供的。人们通常在其下工作的另一种幻觉就是他自己的观点具有独一无二的普遍意义，并且很容易取胜。相反利益和观点的力量出现得非常令人吃惊。然而，另一种观点在于刚刚提到的我们想象力的不足，这不断地造成了乌托邦目标的制定，而这一目标的追求花费的时间自然要比预期的多得多。

过度承担义务及其造成的敌对性反应的最后一个原因在前面也提到过。并非受骗，公共行动通常会发展起自身的动力，并按照最初提倡者没有预期到且通常也不受他们欢迎的方向出现。这是大多数革命的故事，而且也是其他最初成功运动的故事。在这些"失控"的情形中，最初的倡导者一度想尽力更正运动的进程，这些努力很可能再一次让他们承担不可预期的时间和精力成本。

超时或过度承担义务的经历并非公共行动主观现实区别于其预期的唯一方式。那种经验之实际上经历的质量也可能蕴藏着一些惊奇。根据我们的手稿，公共行动是作为对纯粹私人幸福追求上的失望、狭隘和自私的替代由个人行使的。为公共利益而行动通常被认为加进了理想主义，加进了对事业的贡献，如果没有加进为共用品作出的牺牲的话。非常令人吃惊的是发现：政治行动通常会将人们卷入完全不同系列的行动中：达成奇怪的联盟、隐藏个人的实际目标、背叛昨日的朋友——当然，所有这些都是为了实现"目标"。换句话说，为了自己，政治行动者将会再次发现马基雅维里（Machiavelli）在《君主论》（*The Prince*）中提出的格言（maxims）、马克斯·韦伯（Max Weber）在"作为职业的政治"（Politics as a Vocation）中和让-保罗·萨特（Jean-Paul Sartre）在《肮脏之手》（*Dirty Hand*）中分析的悖论（dilemmas）。在这个过程中，他可能违反了流行的伦理观念，其程度要比他只追求个人收益和私人消费目标时的梦想大得多。

当然，这种经历是如此令人沮丧，与最初的期望是如此不一致，以致造成了从公共生活中的迅速退出。但是，相反的反应也是可能的，并且很可能更加普遍：当追求公共产品的无私行动意识与自由超越道德行动传统边界的感觉——这是一种与武力感觉密切相关的感觉——联系在一起的时候，就会产生强烈的兴奋感。[10] 这种经验混合所产生的完全没有预期的兴奋（和恐惧），很可能是前面提到的过度承担义务的重要决定因素。事实上，他们解释了更多现象：即沉溺于通常在其新成员中观察到的公共生活。

在当前的上下文中，过度承担义务与沉溺是明显相关的概念。但存在差别。过度承担义务隐含着：最初的时间分配过度分散以及随之产生的对其他活动的挤压式无知和估计错误的无意识结果；过度承担义务的经历立即偏离了对其负责之行动的优点，并且可以预期到减少那种行动的活动。

在沉溺情形中，情况要复杂得多。在这里，最初制定的参与限制也被超越了，但之所以如此是因为发现新行动具有不可预期的参与性。在直接经验水平上，对其他活动的挤压是完全可以预期到的。

众所周知，有些人从来没有从这种经验中恢复。对他们来说，没有这种特殊行动混合——一半是欢喜，一半是悲伤——的生活完全没有意思；对他们来说，从那时起，政治就"只是小镇游戏"（only game in town）。相反，另一些人反对他们感觉是危险活动的那些事情，这些活动很可能会让他们被别人接管，并且应对公共行动的反应将会嵌入到无意识的过度承担义务情形中。就像在其他沉溺中，这种反应之所以产生是因为人们——就像我们已经知道的（第四章）——不仅被赋予了经济学教科书中独一无二的偏好序列，而且被赋予了不同的序列以及表达这些不同偏好序列之偏好的"二阶意志"或"元偏好"。在沉溺情形中，二阶意志可以很好地包含排除沉溺的愿望。我刚刚将这些方面融入哈里·法兰克福和阿玛蒂亚·森已经提出的表达方式中；那种表达方式使这种情况似是而非：即使最初对公共行动时间分配的过度辐射是某些公民真实偏好（沉溺）选择的结果，但对他们中的大多数来说，逆转这种选择强加的应对力量也会开始起作用。

　　前面关于公共行动实践如何经历以及这种经历如何造成了从中退却的解释未必非常复杂。一种替代性的、简单得多的解释是有效的，并且已经向我提出了：[11]为什么不将公共行动看做直到消费者公民全部参与才会实施的行动呢？作为逐渐满意（边际效用递减）的结果，这种行动沿着对私人愉悦的寻求及其实践找到了自己恰当的生存空间（niche）。接受了传统经济学逐渐均衡过程教育的那些人非常熟悉，这种解释只有一个问题：它没有反映出下一步要做什么。从私人生活到公共生活的转变以及从公共生活到私人生活的转变被贴上了过分扩大预期的标签，被贴上了完全着迷的标签，被贴上了迅速抽回的标签。这个现实就是我一直尽力描绘和理解的。

注　释

[1]　Leszek Kolakowski, *Der Mensch ohne Alternative* (Munich: R. Piper, 1961), p.127ff.

[2]　又见我的 *Development Projects Observed*, p.33。

[3]　当在有计划的愉悦行动上花费的时间比计划花费的时间短的时候，也会造成失望。餐馆的服务可能过快，以致没有时间在餐桌旁进行轻松的交谈，而这是一顿美餐的重要部分。

[4]　Benjamin Constant, "De la liberté des Anciens comparée à celle des Modernes", in *Collection complete des ouvrages publiés sur le Gouvernement representative ...* (Paris: Bechet, 1820), pp.209, 249. 对于现代的处理，见 Robert A. Dahl, *After the Revolution*? (New Haven: Yale University Press, 1970), pp.40—55。

[5]　Stephen T. Holmes, "Aristippus in and out of Athens", *American Political Science Review* 73 (March 1979), pp.113—128.

[6]　*Oeuvres completes* (Paris: NRF, Pléiade, 1964), Vol. Ⅲ, p.881.

[7]　Ibid, p.510.

[8]　引自 Michael Walzer, *Obligations: Essays on Disobedience, War, and Citizenship* (Cambridge, Mass: Harvard University Press, 1970), p.230。

[9]　*Essays in Trespassing*, p.292.

[10]　在"肮脏之手问题"的完美分析中，Michael Walzer 考虑了政治行动者在追求"更高"政治目标时，由于违反道德标准而遭受、应该遭受或应该让其遭受的惩罚。见 Michael Walzer, "Political Action: The Problem of Dirty Hands", *Philosophy and Public Affairs* 2 (Winter 1973), pp.160—180。但是，如果焦点只集中在政治行动

者需要作出"悲剧性选择"的情形上，那么政治职业将被置于不太有吸引力的背景下。这种情形是政治家发挥武力的对应，并且那种力量的实施将提供一种令人愉快的经历，而这是私人生活不可能希望对应的。

[11] 这是由 James E. Krier 提出的，在私人通信中，以及前面提到的他与 E. Ursin 合著的 *Pollution and Policy* 中，p.280。

第七章

参与公共生活的挫折（二）

　　到现在为止，由于他们固有的扩展野心而使得所涉及的公共行动遭受失败的争论还在进行。在个人生活中尽量占有一席之地，在更长时期中这大大超出了可以容忍的限度，它们会迅速削减，长期经受磨炼的"公民"会返回到私人事务中。现在，我将尽力表明，对公共生活失望的另一条主要线索源于完全不同，甚至对立的情形：在现代条件下，公民对公共事务的参与受到严格的限制，因为特定的政治制度禁止他们表达关于这些事务感情的强度。容易理解的是，这种强制性的参与不足可能类似于导致失望和挫折的过度参与。一个人可能会决定，如果专断的上层限制强加在他或她被允许作出的贡献上，那么参与这种运动就是一点也不值得的。

投票的参与不足

　　为了探索这个问题，我简单地回到在第五章中关于参与公共事务性质的内容。由于标志公共利益行动特征的尽力和获得之间的界限模糊，可以表明，个人实际上能够通过逐步提高自己的投入而提高其从公共行动中获得的收益。事实上，这是个人能够提高自己收益的唯一方式，因为行动的结果是对每个人有效的公共物品。因此，对于追求由觉醒的公民积极从事的这些公共物品，马克思对于共产主义下私人产品生产和分配的著名法则，即"从按劳分配到按需分配"，就失去了其乌托邦光环。这个法则的第一部分成为了现实，因为公共物品是由具有完全不同动机的居民完全不均的努力生产出来的，然而其第二部分认为，当公共物品由这些努力生产出来时，可用于不受限制的、没有竞争的消费，因此按需分配就不会造成任何问题。

事实上，这种表面上田园诗般的情形实现的程度依赖于政治条件。尽管个人参与公共事务有许多种方式，然而现代民主的核心政治制度是投票。现在，"一人一票"规则给了每个人参与公共决策的最小份额，但它也设定了某种最大化或上限：例如，它不允许公民表明他们各自所持有的政治信念和观点的完全不同的强度。政治科学家当然知道这个事实，但他们主要检验了这种可能性的意义，在民主制度中，对某些问题感觉非常强烈的少数人会系统地、容易地遭受多数人的压制。[1] 选民不能登记民主制度自身生命力的感情强度可能产生的飞去来器效应（boomerang effect）还没有被注意到。既然这一点很重要又不太为人所知，就需要详细解释。

既然普选权阻碍了公民对公共问题感情强度的表达，那么哪种安排能够提供这种表达机会的问题就会提出来。一种非常天真的设计是让选民在选票或投票器上做记号，这不仅表明他们选择的候选人、政党或政策，还包括采用数字刻度表示他们希望登记的这些决策的强度；并且每个人的投票根据这种自我宣称的强度确定其重要性。不论在原则上是否合意，这种安排都明显是不可行的。由于一个人强度的刻画只要求在投票处多逗留几秒，大多数投票者就会在强度刻度最高的可能点上做标记，以确保他们的观点——不论他们持有这个观点的强度是多么弱——在计票时得到最大的权重。仅当人们计数必须面临许多不便的时候，他们才可能多少正确地显示他们的强度。事实上，至少在没有给选民观点任何权重的意义上，我们当前的制度所反映的强度，即这些选民对当今问题的感觉如此弱化，以致他们不会承受自己去投票站的不便。基于登记越高的强度要求越高的成本这样一个原则，一种更加精心设计的强度显示机制是容易想象的：例如可以让选民投几次票，但每天只能投票一次，最多只能连续投票三天，这样对某个问题具有强烈感情的公民就能够投三票，只要他们支付三天往返投票站的价格。在这种体系中，每个公民都可以在零到三的范围内决策他对某个问题希望表达的强度。

这种仍然相当奇怪的安排的要点不在于为它做广告，而在于准备一种相当奇怪主张的环境：能够提供表达和标记真实强度之最完全机会的社会是某种受到压制的制度，其中所有的批评表达——从最温和的到最严厉的——在有差异的处罚或制裁形成中都具有某种"价格滞后"。例如，纳粹占领最后几年的法国维希政府（Vichy France）。正如电影《悲哀和怜悯》（*The Sorrow and the Pity*）所表明的，单个公民通过完全不同的行动发泄他们的政治感情——在反维希政府的一方，他们的行动从作为最普通反抗形式的讲政治笑话到隐藏犹太人过夜，从一路上的居民到作为反法国纳粹游击队全职成员帮忙炸毁纳粹的军用运输列车。万一某人被抓，其可能行动的规模就对应了制裁的规模，因此当局的每个反对者都会选择与他或她确信的力量所对应的规模点。在这个方面，在引发对政治感情的完全表达上，这种制度优于建立完好的民主制度。不仅当一种制度建立起了对不同严重程度的敌对行动实施不同程度的制裁时，而且当所有这些行动在原则上受到严格惩罚，而在现实中这个国家的制裁资源都知道要集中于更重要的防卫侦查和惩罚上时，都是如此。在这些条件下，存在对（非法）政治行动的广泛参与，所有行动都自愿受到评估（而不仅仅是计数）。

在这些条件下产生的兴奋和参与感与民主制度中通常标志政治生活特征的厌倦和无力感形成了鲜明的对比。这种令人不安的发现很大一部分可以由投票的双重特征进行解释：一方面，在提供对过度受到压制国家之防御的制度框架内，这是一个重要的因素；另一方面，它起着抵御和防止受到过度压制居民的作用。在民主理论中，只有第一个方面——选民的收益——被注意到了；而第二个方面——无疑是一种损失或成本——却被广泛忽略了。

有些经济学家已经观察到了民主制度中的投票——对已经得到大多数选票的候选人职位的选举——与消费者在给定了价格的不同商品上分配货币的竞争性市场过程之间的共同点；术语"消费者主权"大概源于这种与具有普选权的多党制国家主权选民的比较。[2] 针对这种隐喻提出的反对通常打击了隐含的让资本主义市场经济感受民主制度温暖的努力。尽管这种批评提得非常好，但我在这里的反对是沿着相反的方向进行的：正如前面刚刚表明的，在某些方面，强调在市场花钱购买商品和服务与在公共问题上投票之间的共同点使得选举过程而不是市场经济处于更加有利的境地。

当竞争性市场为产品建起了统一价格，一个积极的结果就是"消费者剩余"；也就是说，每个消费者能够以唯一的竞争性价格购买某些产品，尽管许多（"边际下的"）消费者对特定产品的偏好具有这种强度以至于他们愿意支付更高的价格。接下来，这些消费者在某种意义上是受益的。由于其他（"边际的"）消费者对特定的商品只有更低的热情，在消费者剩余的意义上——也就是在他们愿意支付的市场价格和实际支付的市场价格存在差距的意义上，它建立起来的市场和统一价格就给了（或者好像给了）更热情的消费者"搭便车"的机会。在我们前面关于公共利益行动的讨论之后，很清楚的是，市场经济中的这种收益在选举过程中没有对应。真正的公共问题和竞选职位的候选人受制于"市场检验"。但是，特定事务中热情的参与者或候选人受制于一人一票的事实，按照跟他们最冷静支持者相同的方式，不可能被形成者作为收益或搭便车来构造。相反，他们只不过能够表达更强烈的偏好，并且被"一人一票"规则禁止这样做。消费者剩余在这里成为了选民的挫折——这种挫折源于民主政体之核心制度强加的参与"理性"。

注意投票的这个被忽略方面使下列情况成为可能：首先是明确说明广受注意的、标志建立完好民主制度特征的政治冷漠。由于投票具有大多数公民表达其政治偏好基本工具的功能，他们中的大多数发现为削弱参与形式而费心几乎是不值得的。确实存在"投票悖论"（voter's paradox），即这样一个谜：人们为什么会不辞劳苦地去投票，但是它完全不同于按照成本—收益条件形成的结果。问题在于：考虑到人们受制于他们登记其政治偏好的乏味方式，他们为什么去投票？一旦他们发现不能够用其所经历事件的强度表达他们对公共问题的感情，很多人很可能会在表达它们上失去兴趣。换句话说，就容易明白为什么这种兴趣会完全丧失，为什么它正好停留在与投票涉及的努力对应的利益水平上，即每四年一次。按照这种方式，在重要政治决定仅通过投票作出的社会中，就会引起政治冷漠和对政治行动的失望——有点像回忆卢梭著名讽刺而得出的观点。这个讽刺是英国人只在四年一次的议会选举时才是自由的。然而，事实上，我得出的观点完全不同。卢梭认为，代议制和代议制定期选举的观念——他相当厌恶的一种观念——根源于"冷却对国家的热爱"[3]。根据我的观点，原因和结果正相反，并且作为主权决策者，选民的形成导致了对有限市民参与机会的失望，并进而造成了其下降。定期投票不足以作为高强度政治感情的表达通过这样的事实可以得到很清楚的表述：即温暖或热烈的感情不论什么时候回复，其他的政治行动方式——游行、示威以及罢工等——会被重新发现并被再次归类到民主制度中。

实际上，区别是从这样一些民主制度（人们广泛认识到投票是大众影响公共政策的本质上独一无二的工具）和其他民主制度（在这种民主制度中，许多种更加直接、更加有表现力的大众参与形式发挥了潜在的重要作用）中得出的。这种区分对政党的特征施加影响：正如在美国，选票十分重要，在选举时期政党更可能被激活；由于历史和其他的原因，当选票没有取得毫无争议的至上地位时，就像法国，在任何时期，对其成员和支持者可能的流动性来说，政党更可能在持久的基础上发挥焦点作用。参与选举之程度的差异可能与这种区分联系在一起。当政党长久地要求其公民关注不同的公共问题时，要比他们仅在选举时期唤醒选民的情况下，出席投票者会高得多。这样，矛盾的是，"选举政治是唯一的政治"的普遍观念可能造成了较低的出席率。与欧洲大陆相比，美国较高的弃权率就可以在这些背景下得到部分解释。

当大众行动不再可得时，当然就会出现许多个人，他们对某些问题感觉是如此强烈，以至于他们不愿遵守选票中隐含的"表达"（expressiveness）限制。在许多现代民主国家，少数人的恐怖主义行动提供了大多数人冷漠的对应；两者都是对民主制度强加的对政治参与限制的反应。

有些限制性注释是恰当的。首先，我必须再次向读者保证，除了投票，我还知道政治参与可以采取的很多种形式，而且我还知道，在最近 10 年中，关于这个主题已经发表了许多重要研究，特别是悉尼·维巴（Sidney Verba）及其合作者发表的成果。[4] 投票之外的其他政治参与形式主要包括两类：（1）影响投票的努力，包括作为党派参加会议、捐献资金、在运动中积极工作等；（2）尽力通过对社区活动或国家问题感兴趣来直接影响公共政策，一般是通过志愿者团队和组织的参与。

无疑，第一类形式使大量成员在特定时期以非常迅猛的方式参与政治成为可能，但是这种行动在两个限制下起作用。首先，"运动工作者"仅在选举时期尽最大努力，也就是说，在定期的、相当长的时间间隔内，在两次选举期间，不论他们对公共事务的感觉是多么强烈。其次，他们离所感兴趣的实际政策制定隔着几个环节：他们尽力让其他选民确信将选票投给制定政策的那个人，而不是通过更加直接的行动对采用或修改政策施加压力。跟政治行动者想要引起的实际变化具有如此间接和微弱联系的政治行动不可能保持对参与者的控制，除非在选举日程表之外给他们提供了更直接类型行动的偶然机会。再一次地，如果"选举政治是唯一的政治"，那么不仅选民的精力，而且运动工作者的精力都很可能大大减弱。

这把我带到了投票之外其他政治参与的第二种类型，即尽力通过向政府——包括地方政府和国家政府——施加公共观点压力来直接影响政策。这种压力是通过联合不同协会中、联盟中、压力集团中和游说集团中具有相同思想的公民所产生的。大多数这类运动和组织的出现——从支持环保的集团到共同事务，从生命权利到消费者运动——实际上起了确证我关于投票参与不足观点的作用。由于许多公民将投票看做表达他们强烈感情的不充分方式，他们最终发现并发明了发泄那种感情和发挥影响的其他方式。

可以认为，参与不足（这是现代民主制度的结果）的经历负有"单一问题利益集团"（这是当前非常麻烦的现象）兴起的责任。有些人愿意只根据政治家在高度专业化问题——例如枪支控制——上的立场来判断他，那么这些人肯定在那个问题上具有强烈的感情。因此，加入这种单一问题运动的简单行动表达了很高的感情强度，并且正是由于那个原因，即由于投票中所隐含的最高参与限度而感觉受挫者致力于这一行动。换句话说，可能的是，人们加入这些运动不太多是因为他们相信特定问题高于一切的重要性，因为他们想向世界、他们的朋友和他们自己表明他们能够发展起对某些公共问题非常强烈的感情。按照这种方式，选举政治被假定为唯一政治的政治体制能够导致相当不同类型的政治，它给民主的适当运行带来了新的欺骗性危险。

然而，在长期中，不同利益集团和运动的存在、繁忙和临时效应不能掩盖这样的事实，即民主国家的基本政治方向源于投票，即源于加总偏好的方法，而这给公民的参与设置了上限。这个上限是民主过程必需的、完整的、核心的部分。它也以产生失望的方式限制了政治热情的行使，结果造成了非政治化。

有关普选权起源的历史离题

这个问题让我采用历史反思的方式稍微离题一下。众所周知，在直接普选权（对男性公民）下的第一次全国范围的选举发生在 1848 年 4 月的法国。在二月革命的次日，临时政府作出的决定通常被视为一次历史突破和向大众作出的少数实际让步中的一个。那个时代的每个法国人都被赋予了投票权，当时那些最自由的欧洲国家让公民权利依赖于等级和财富，甚至在美国也实行了许多限制，远离奴隶制。[5] 尽管那个决定很伟大，事后诸葛亮（hindsight）却给出了相当不同的解释：当投票权赋予法国人民时，特别是赋予在两代之中发动了第三次革命的固执的、不受约束的、冲动的巴黎人民时，它实际上被尊崇为表达政治观点的唯一合法形式。换句话说，选票代表了人民的新权利，但它也将其政治参与限制在了这种特定的、相比较伤害更小的形式上。同样，它是一种补偿永久性巴黎居民先锋派以及向其他省份更加传统、更加遵守法律模式直接行动倾斜的方式。事实上，这种认为普选权决策是抑制性的、保守性的解释，在目的上，当然不是1848 年 4 月对选民全国议会选举的保守结果所表明的——更重要的，根据道德力量和合法性权利，这种新选举出来的实体不能够反对 1848 年 6 月发生的起义。[6]

如果在没有自由和普选的情况下证明起义是正当的，就像那个时期的共和主义观点所坚持的，那么作为对应，普选权的培育就可以作为革命性变化的矫正方法提出来。这的确是更保守的共和党人在二月革命之后不久看到的方法，并且这个观念可以采用当时的标语得到很好的表述："普选权结束了革命时代。"所有这一切通过 1848 年的版画得到了完美的说明，该版画表明，当游击队员为选票而放下武器的时候，他是以一种困惑甚至发狂的方式，他很可能掉进了"普选权"的坟墓。[7]

这类交易的优点后来得到了盖姆贝特（Gambetta）的强调，这是一个热情的演讲家，是"第三共和国之父"。普选权通过1875年宪法得到重建，但是年轻的共和国在1877年受到了麦克

（Bibliothèque Nationale，Cabinet de Estampes）
就在1848年革命之后，成年人普选权在法国建立起来了，
游击队员满怀疑虑地放弃武器得到了选票。

马洪将军（General MacMahon）极权主义倾向的威胁，他曾经在 1873 年被任命为总统，并做了 7 年。在麦克马洪将军遭受彻底失败的选举前几天，盖姆贝特特别求助于传统观点来支持普选权：

> 我要责备保守人士中那些担心公共生活稳定、担心合法、担心适度的人。我要对他们说：对于普选权，只要你让它自由地发挥作用、尊重其独立性和决策的权威性——我要问，你具有了和平结束冲突和解决所有危机的方式，难道你没有看到吗？如果普选权按照其完全自主权发挥作用，**革命将不再可能**，因为没有人会尽力发动革命，人们也不必再害怕政变，难道你不明白吗？（非常好！非常好！——鼓掌）[8]

这是我采用带有美丽修辞色彩的词语给出的观点。

观点不只是采用法语表述的。尽管英国人没有遭受他们喜欢的法国邻居的"震动"（convulsions）的伤害，然而在讨论 19 世纪政治和选举的时候，对大众剧变的关注仍然是持续的主题。在对 1867 年第二次改革法案——该法案首次将选举权扩展到工人和其他低收入阶层人民——的争论中，莱斯利·斯蒂芬（Leslie Stephen）——一位批评家、评论家和观念历史学家——写道，支持改革，而不是沿着盖姆贝特的路线继续前行。当然，在英国，他不得不认为，革命不再发生并非是因为扩展的选举权，但在某种程度上可以想象的是，没有选举权，就会存在发生革命的威胁：

> ……如果要将工人排除在影响声音的固有份额之外，需
> 要对他们补偿多少，或者让他们满意？将他们排除在立法影
> 响之外的事实教会他们求助于其他方式吗？……工会的残暴
> 经历经常充斥于耳，尽管他们提供了确实性原因来反对让工
> 人拥有选举权。对我来说，其他方式好像也具有同等的结论
> 性……将工人排除在普遍权利之外，如果可能的话，将倾向
> 于更迅速地扩散；如果人们没有机会获得来自政府的帮助，
> 他们将会求助于他们自己，并没有人责备他们……

> 通过忽视它而补偿罪恶做法的计划是相当不好、相当短
> 视的。它倾向于直接和强有力地提高阶级的完全分离，而这
> 是时代的最大罪恶之一，并且某一天可能会造成最为可怕的
> 巨大灾难。

作者还认为，一旦在议会中——即对"脱离公众"——工人
代表就会被教化，甚至他希望被分化：

> 议会中确定的成员不得不比他们现在讨论更多的影响国
> 民社会福利的问题；那是改革的一个极为重要的原因；但工
> 人们在议会中是否比在议会之外更好地强制实施不公正的要
> 求，这是一个相当不同的问题。可以给出了许多反对它的重

要原因。他们必须在全部国民之前讨论这些问题，而不是在黑暗中斗争；要求整个国家的智慧向他们的权利施加压力，并且发现他们的不健全：仅仅是让它们成型或讨论它们将绝对无误地造成工人自身之间的差异。[9]

对于普选权，这是另一个令人信服的观点，即普选权作为驯服国内革命力量和限定刚刚出现的大众参与和影响力的一种手段。

很可能普选权建立的这种历史背景就是从那时开始经常提到的对"正式资产阶级民主"批评的根源。一种传统观点一直是按照下面方式提出的：由于经济实力分配得相当不公平，选民受制于地主或其他这类老板的直接压力；即使投票是秘密的，选民也受到资产阶级占主导地位的压力和其他媒体的影响；因此，选票卡是不可避免地事先安排反对左派和激进社会变革的。但是，以前面的考虑为基础，可能推断出：对抗"正式"民主的更主要原因是反对把选票作为虚假的赋予给选民的权利，这种反对出自这样一种感情，即现存社会和政治秩序的坚决反对者受骗而陷入了卑微的交易：选票是一摊污水，他们毫不在意地拿自己的天赋权利做交易，这是一种通过任何方式发泄他们不满的权利，无论如何，这些方式应该包括煽动起义，这仅受制于他们自身感情的强度。换句话说，选举的麻烦甚至还不如投票结果受到了事先安排那样大，这是因为社会上经济和政治权力分配的方式；而且，选票造成了更具影响、更令人满意的更加直接、更加剧烈、更具表达力的政治行动形式是非法的。

西欧和美国普选权的逐渐建立是与从公开投票向秘密投票转变密切相联系的。当然，这种联系具有很好的原因：当处于社会从属地位的更加贫困的人口阶层加入投票队伍时，这个问题变得比以前更加重要了，那时只有拥有财产的精英人士投票反对富人购买选票，反对有武力者的威胁和报复。但是，正如一项即将发表的研究表明的，秘密投票制度的建立也意味着公共精神和参与能力发挥公共作用的大量机会的消失；并且由于那个原因，这受到了像约翰·斯图尔特·穆勒（John Stuart Mill）这类那个时代领袖型进步人士的反对。[10] 在秘密投票之前，选举是暴力仪式；在投票成为私人的、几乎是个人隐私性的事务之后，他们变得更加驯服了。尽管它随着权利的扩展而变得日趋重要，秘密投票提高了权利本身所赋予的政治行动表达形式的机会损失。

我的观点不应当被误解。它会成为某种不可思议的、充分表达的、理想参与的政体的悼词，由于普遍的秘密投票制度，这种政体已经消失了。因此，我必须十分清楚地指出，对我的知识而言，这种黄金时代从来没有出现过。观点仅仅是，隐含在普遍的秘密投票制度建立中的重大进步造成了已经从视野中消失的成本。而且，我认为在投票背景下，这种成本是不可避免的。换句话说，除了通过容忍或鼓励其他对公共事务更广泛参与的有意义方式，通过修补投票组织的方式，那种成本不可能得到大幅度降低。

与投票相联系的感情或许诺强度没能揭示出来也没有被考虑的原因，已经被注意到了。由于策略性考虑，如果存在某种能够赋予强烈坚持的观点更大权重的机制的话，个人倾向于夸大其强度。而且，更重要的是，即使可能设计一种投票制度，能够成功地显示每个人实际的强度，让投票来反映这种强度也是**不可欲求**的。将公民局限在他们偏好二元表达——比如是或不是，支持或反对——上的基本原因当然是平等的民主原理。[11] 另一种尽管不是非常令人信服的可能原因是同种类型的、国家对过分冲动、宁愿自我牺牲和同样不稳定居民福利与心智的家长作风式的关心，这些居民使得任何个人可能提供给血库的血液数量达到了严格上限。止如逐渐演变所显示的，普选是一种既不可或缺又难以改进的制度，除了设计出来使其更普遍、更容易被人们获得的机制之外。正是由于那个原因，意识到这种权利所具有的以及我在本书中已经详述的不可避免的义务是非常重要的。

本章和前一章关于从公共事务参与中退出的观点是相当不同的，甚至是相互矛盾的，因此最好是简要地一起描述，并且尽力协调已经提出来的这两条主要思路。我已经尽力超出了公共利益行动遭遇失望的某些更明显原因，并且已经集中于那种行动的两个相反结果或原因：一方面过度承担义务，另一方面，在政治行动主要限制于投票范围内参与不足。简言之，政治生活的麻烦在于它要么太吸引人，要么太乏味。当然，在某个时间点上，关于这两种原因几乎没有受到同一个公共行动者的批评。但是，一旦我们考虑到不同的政治行动者集团，这种明显的矛盾就会消失，这些政治行动者要么遭受了这个要么遭受了那个令人失望的经历。到目前为止，还没有提到的是，特定类型的政治参与不仅要求参与的意愿，而且要求某类能力，比如处理人们之间关系或在公开场合讲话的能力，通常这称为"主观政治能力"[12]，因此没有任何一个具有公共利益者受制于所有有趣的诱惑。因此，完全可以想象的是，相同社会的不同成员和集团典型地遭受着两种相反、但同样令人失望的经历，当他们越来越公开地参与公共事务的时候，那些有能力积极参与事件成长的人很可能经历过度参与的危险，而那些希望按照强制登记不多不少行事者一旦意识到他们主要被限制在投票上时，就会遭受参与不足。另外，同一个人在其生命的不同时期经历这两种现象是可能的；更有趣的是，一个人可能会意识到——我认为这是一个相当经常的直觉——参与公共生活只提供了这种令人不满意的要么太多要么太少的选择，并因此一定会引起失望，要么以这种方式，要么以那种方式。

注　释

[1]　见第四章对 Robert A. Dahl 经典著作 *A Preface to Democratic Theory*（Chicago：University of Chicago Press，1956）的讨论。

[2]　Brain Barry，"Does Democracy Cause Inflation？ A Study of the Political Ideas of Some Economists"，这是一篇在布鲁金斯协会（Brookings Institutions）出版的名为《全球通货膨胀的政治学和社会学》（*Politics and Sociology of Global Inflation*）的一部著作中发表的论文，是由 Leon Lindberg 和 Charles A. Maier 主编的，1979 年再版，pp.23—24。

[3]　*Social Contract*，Book Ⅲ，Chap. XV.

[4]　见 Sidney Verba and Norman H. Nie，*Participation in America*（New York：Harper and Row，1972）和 Sidney Verba，Norman H. Nie，and Jae-On Kim，*Participation and Political Equality：A Seven-Nation Comparison*（Cambridge：Cambridge University Press，1978）。早期的大规模研究 是 Lester Milbrath，*Political Participation*（Chicago：University of Chicago Press，1965）。对主流政治学关于参与研究方法的最尖锐批评，见 Alessandro Pizzorno，"An Introduction to the Theory of Political Participation"，*Social Science Information* 9（Oct. 1970），pp.29—61。

[5]　Roger Price ed.，*1848 in France*（Ithaca：Cornell University Press，1975），p.28.

[6]　不管 1848 年选举的保守结果，接下来的附带选举对 1850 年的保守政府是如此具有威胁性，以至于在 5 月份，它颁布对投票的居住地要求和其他一些要求，并因而间接剥夺了某些较贫困人口的选举权。后来，这些限制在路易斯-拿破仑（Louis-Napoléon）于

1851 年 12 月为平民投票目的而发动的一场欺诈性运动中被撤销了。见 Maurice Agulhon，*1848 ou l'apprentissage de la république*，*1848—1852*（Paris：Seuil，1973），pp.149—151；以及 Roger Price，*The French Second Republic*（London：B. T. Batsford，1972），pp.258—260，322。

[7]　也重印于 Maurice Agulhon，*Les Quarante-Huitards*（Paris：Gallimard/Juillard，1975），在第 5 页的插图。这个标语和即将引用的盖姆贝特的演讲都是通过法国蒙彼利埃大学的 Raymond Huard 引起我的注意的，他正在写 19 世纪法国的普选史。

[8]　1877 年 10 月 9 日的演讲，见 *Discours et plaidoyers politiques de M. Gambetta*，Joseph Reinach 主编（Paris：Charpentier，1882），Vol. Ⅶ，pp.282—283，斜体强调是本书作者加的。

[9]　Leslie Stephen，"On the Choice of Representatives by Popular Constituencies"，in George C. Brodrick *et al.*，*Essays on Reform*（London：Macmillan，1867），pp.121—123. 这是一本由许多著名人物完成的支持改革的论文集，他们几乎全部出自牛津和剑桥。

[10]　我正在参考 Andreas Teuber 的研究。一个非常简短、非常重要的综述见他公开发表的论文 "Elections of Yore"，in the *New York Times*，November 4，1980。

[11]　见 Dahl，*Preface*，p.90。一个尊重平等原理的制度，尽管在某种程度上显示了程度，就是所谓的 "单记可让渡投票制"，这是在 19 世纪由托马斯·黑尔（Thomas Hare）提出来的（有时候称为比例代表制的黑尔制度）。在这种制度中，选民通过选票表达他们对所有竞争性候选人（或政党）的偏好顺序。这种结果能够比只对其所偏爱的候选人投票这种通常方法更加反映了个人喜欢或不喜欢的强度，只要存在两个以上的候选人或政党的话。大概也是由于这个原因，约翰·斯图尔特·穆勒非常赞赏黑尔制度的党派性，正如 Dennis F. Thpmpson 在《约翰·斯图尔特·穆勒和代议制

政府》(*John Stuart Mill and Representative Government*) (Princeton：
Princeton University Press，1976) 中所表明的，pp.101—112。很
少实行黑尔制度的一个主要原因在于其复杂性。这个缺陷在"点
数投票制"情形中仍然非常显著，这是为了解决程度问题而特
别设计出来的富有创造力的建议。这个建议最早的先驱是理查
德·马斯格雷夫 (Richard Musgrave)，完整的表述是在 Dennis
C. Muller，Robert D. Tollison，and Thomas D. Willett，"Solving the
Intensity Problem in Representative Democracy"，in R. C. Amacher，R.
D. Tollison，and T. D. Willett，ed.，*The Economic Approach to Public
Policy* (Ithaca：Cornell University Press，1976)，pp.444—473。

[12] 见 Gabriel A. Almond and Sidney Verba，*The Civic Culture*
(Princeton：Princeton University Press，1963)。

第八章

私有化

我们是从集中精力研究私人福利的消费者公民开始的。我们已经跟随他进行了一次长距离的、迂回曲折的旅行，现在它处于这样一个阶段，对公共事务的参与不再像以前那样有吸引力。要返回到出发地——可以认为整个行程是从那一点开始的——只剩下一步需要走、需要考虑了：伴随着对公共生活的失望，返回到私人舞台上。

正如第六章的开头已经注意到的，与其相反的转变——从私人到公共的转变——相比，这个转变好像很不成问题：一个原因无疑是它只包含私人行动而未包含集体行动。后者的困难已经得到了如此多的考虑，以至于现代观察家完全预期对公共生活的参与——被广泛认为是难以理解的、相当不理性的并因而在某种意义上是可质疑的——不久将紧接着对"常态"的复归：也就是说，追求私人幸福而不是公共幸福。当然，仅仅可能的是，对该问题的这种看法是深入我们这个私有制社会观察家头脑中的意识形态力量所偏爱的。更早时期的居民，是按照强调公民美德的价值法则培养的，在解释从公共生活向私人生活的转变时，他们比为解释向相反方向的运动这一任务而生气的现代观察家已经经历的困难要多得多。毕竟，"私人的"(priavate) 这个在 15、16 世纪产生的词语的原始含义是——根据《牛津英语辞典》(*Oxford English Dictionary*)——"没有获得公共职务或官方职位的"。这个词语确实来自拉丁语 privare，即免职（to deprive）或罢权（bereave）。今天，这个原始含义存在于军队"士兵"中，即"没有任何官衔或职位的普通士兵"(OED)。这样的无公职男人通常可以在社会阶梯的最底层发现。另一方面，对妇女而言，排序是相反的，因为 fille publique 或 "public woman" 一直是妓女（prostitute）的许多同义词中的一个。公共领域是妇女的禁忌地，是男人专属的，是要求区分的。[1]

　　历史地看，私有化决不是一个明显的过程。事实上，我们刚刚开始理解——正如库昆廷·斯金纳（Quentin Skinner）向我指出的——文艺复兴时期对公民道德和公共事务参与的强调如何在随后三个世纪的过程中给这样一种观念开辟了道路，即私人自利的追求对管理良好的社会秩序而言是最有益的。甚至直到那个过程在 18 世纪结束，像"幸福"(happiness) 这种术语——今天几乎完全限制在私人生活领域——仍然具有真实的公共层面。当杰斐逊（Jefferson）在《独立宣言》(the Declaration of Independence) 中指明"幸福的追求"为不可剥夺的权利时，他一直牢记公共幸福，即满足其成员的经济和社会绩效。[2] 同样，在 18 世纪的意大利和法国，felicità pubblica 和 bonheur public 是非常普遍的概念，代表社区的福利。给出一个例子：杜尔哥（Turgot）使用术语"la science du bonheur public"（公共幸福的科学）代表后来以政治经济学著称并且再后来成为经济学的知识分支——不幸的是，那个满怀希望的解释被卡莱尔（Carlyle）"沉闷的科学"不容置疑地代替了！[3]

　　在本章的后面部分，将给出关于发生在现代早期的主要的公共向私人转变的意识形态支持的一些评论。但是，甚至从今天的视角来看，这些转型至少还有一个方面一点也不明显。为什么公共追求一旦引起失望，它们通常就会被完全放弃而主要集中于我们故事开始的私人事务呢？正如前面提到的，我们这里有一个实际的不对称，牺牲私人生活而同样集中关注公共事务的情况几乎从来没有发生过，而且这甚至被认为在生理学上是不可能的。根据作为我们整个讨论基本支撑结构的经济推理，对于物品或行动的失望被预期导致了再分配：在下一个时期，更少的金钱花费在该物品上，更少的时间花费在该行动上。但是，这个物品或行动为什么应该在事实上被放弃呢？在现代条件（这个限制性条件非常重要）下，对公共事务的口味好像受制于一种特殊类别的其性质尚需理解的不稳定。在这种努力中，标志经济过程特征的边际调整必须以解释公共向私人转型的速度和彻底性的制度、意识形态和心理机制为补充。

腐败

　　其中的一个机制是腐败。通常，对腐败的分析是沿着对使腐败成为可能的经济制度的检验进行的。例如，通过市场配置产品和服务就比依赖行政决定的分配机制造成更少的腐败机会。换句话说，腐败主要是通过问提供腐败机会这类问题被研究的。[4] 很明显需求方很重要，但腐败行为的发生还依赖于具有那种机会的个人有多少是腐败偏向而不是腐败厌恶的。现在，后者与前者的比率很可能是随着所谓的"公共道德"（public morality）或"公共精神"（public spirit）而变动的，并且在许多国家，腐败好像至少是随着这种"需求"因素的变动而变动的，正如随着作为供给方被称为腐败机会的制度框架的变化而变化一样。因此，重要的是控制需求方。

　　本书描述的公共向私人的转变就提供了这样一种手段。考虑一个已经深深卷入公共事务并因此具有了公共职务、但还没有由于这样那样的原因而感到失望的人：他对其新的私人—公共偏好序列作出反应的一种方式是受惠。所谓的"政府事务与私人财富提高毫不客气的混同"[5]，通常发生在对公共服务热情的初次爆发让位给对公共幸福提高之预期更具偏见性的评价之后。就是在这样的时刻，以牺牲那些对公共事务特别感兴趣的那部分人的利益而实现私人发财致富的机会，最容易被认识到并被抓住。因此，腐败被看做是对口味变化的反映：由公共利益行动产生的满意的丧失由物质收益来弥补。但是，通常情况下，这个过程不是一个紧跟私人偏好的微小变动而发生的微小的、最优的公共—私人调整的过程。之所以如此是因为腐败行动对公共—私人偏好具有远为强有力的影响。如果我按照这种方式行事，正如以前的公务人员为了证明自己的腐败行为是合法的而认为的，我设定自己的希望所依据的公共原因实际上必定会发生可怜的转变。按照这种方式，首先是作为对公共事务不满之反应的腐败就成了更深刻不满的决定因素，而这种不满反过来又为更多的腐败设定了阶段。在这个过程结束的时候，公共精神全部被逐出了。

这种累积状态不可能在所有环境下都按照同等的力量运行。特别是在私人和公共氛围逐渐被意识到是严格独立甚至相反的意识形态背景下，它茁壮成长，以至于该界限的任何模糊都好像是不适宜的或不道德的。这种背景大体上被限制在特定的西方社会，它们经历了以经济的日复一日运行与国家控制接近总体上的分离为特征的时期。这种公共和私人情形的"毫不客气的混淆"——马克斯·韦伯非常恰当地给出了一个更中性的术语"祖传主义"（patrimonialism）——在大多数国家一直盛行到 19 世纪，并且直到今天在全球的广大地区仍然非常明显。事实上，在很长时期里，获得财富的唯一的或者最迅速的道路就是通过政治权力和公共职务；在那些条件下，人们很明显不会等到他们对公共事务失望而或多或少地积蓄养老金的时候。私人致富以及为公共产品而工作的感情可以并存，以致今天所谓的腐败的经历没有低估"公共服务"的满意，反而它很好地补充了它们。

然而，这两种情形的分离在西方国家已有宣称，并且这种分离在其他国家也成为一种渴望。在那些条件下，腐败可以给"公务人员"提供只向私人关注的迅速转变。

暴露出来的公众德行

由于其他更普遍的原因，从公共生活的回归不可能成为渐进的、受到限制的事务。他们与公共利益行动最初发生的方式相联系。据回忆，那个行动的基本特征是渴望与获得的融合，它们是作为公共行动积极参与及其对私人的成本事实上转变成了收益的结果。在支持公共行动中，其规模是由这种奇怪的转变刻画的，然而，这种奇怪的转变有一个对应：当对公共行动的失望出现时，将成本转变成收益的魔咒将会被打破，并且所考虑的更通常的成本类型将会确证自身。随着腐败的开放，搭便车的机会将突然更具吸引力。结果，公民们将会感到，在许多情况下，他不必过多地投身到公共领域，并且无情地削减那些义务是恰当的。

对于公共行动倾向的这种内在不稳定存在着形态对应。在长期沉浸在纯粹私人关注之后，指向公共目的的行动的发现构成了自由化的经历，这正如雅各布·布克哈特（Jacob Burckhardt）所说的，[6] 是"一种提高到超出个人和家庭自我寻找的方式"。公共行动最大的财富就是满足更高目的所隐约感觉到的需要以及男人和女人生活方式的能力，当然特别是宗教热情在许多国家衰败的时代。

但是，这种财富的可靠性无论如何是无法确证的。就像公共行动能够没收将成本计算为收益的特权一样，它失去了作为男人更高激励基本出路的声誉。站在如此高的基础上，公共行动遭受了彻底衰败的可能性。这就是在 17 世纪所发生的，当时严厉的一致攻击是针对荣誉和寻求荣誉的行动进行的，也就是针对中世纪特别是文艺复兴时期被宣称为人类行为最高类型的行动。这种尚未得到充分理解的智力运动被适当地称为"英雄的毁灭"[7]。其最突出的观点就是这样一种提议，即放弃自我以及投身到标志所谓的寻求荣誉之特征的更高事务是自爱和自我提高的掩护。对牢记公共事务于心的那些人之动机的同样怀疑在 19 世纪 60 年代经常被吐露出来，当时这些行动被刻画为某些参与者的特征，并被批评为"追求个人满足"。很可能，这种对一个人真实动机的怀疑，这种自我怀疑的引入，是对最初抓住了人们热情的公共事务某些最初失望的反应。如果不挑选出关于这个或那个事务持续有效性的困难智力问题，解开感情纽结就是可能的。

再一次注意到私人与公共行动之间的非对称性。私人或公共行动模式表现出来的混合动机的容忍性，具有相当大的差距，这依赖于主要或基本的模式。至少在现代条件下，公共模式没有容忍私人的**任何**混合：大概是因为它经常处于实际的自我服务的怀疑之下，除了公共目标之外，任何的显性私人目标的出现都将破坏后者的可靠性。在 20 世纪 40 年代后期，马赛的一艘小船的所有者，出于实际考虑，载着政治难民拼命地离开法国到北美，他后来带着嘲讽的口吻向我解释了他的动机，他说："我这样做是为了挽救法兰西的荣誉，并且确信我老有所养。"这里，所谓的公共动机不可能也没有得到严肃的考虑：它自动地、完全地被私人动机淹没了。但是，当哥伦比亚企业家在热带雨林地区建立起一家新的锯木厂时，完全是期望它能够带来丰厚的利润，他可以呼喊"我们在这里建立——伪造——祖国"(aquí hacemos—forjamos—patriá)，它不会被认为是荒谬的、伪善的。换句话说，公共动机和目的可以作为基本上是自我服务行动的结束被可靠地引入。通过做好而宣称做好事是可接受的，甚至是貌似有理的，然而相反的宣称并不成立。这里给出了从公共领域逐渐和部分退出的困难的另一个原因，作为对其失望的结果，存在使一个人的行动朝着私人方向发展的愿望。

私人领域的吸引力

直到现在，由公共领域向私人领域的转变一直主要是通过源于公共领域的因素来解释的。但是，在经历了对公共生活的初次失望之后，这种转变的速度也可以通过由私人追求所具有的强烈吸引力来解释。

这些拉动因素中的第一个刚刚被提到。是私人生活的能力容忍了公共动机的混合。在对公共生活的多次不满意经历之后，通常可能的是，个人完全转向私人生活，而不会感觉到他发生了变节。他的确可能达到了两种世界中最好的一个，正如他使自己确信的，公共福利最好是由那些严格考虑他们自己利益的人提供。我们所有人都很熟悉将这个假说作为其基础的强有力的意识形态。本书发展的视角补充了这个推断，即这种意识形态具有使从公务人员向私人转变更加容易的作用。它断言，受到了服务于公共福利这种永久性信条教育的人，尽管有时候发现他们自己是受到了赚钱行为的吸引，然而他们无论如何没有背叛对自己的要求。亚当·斯密看不见的手的规则异乎寻常的成功很大程度上归功于一代英国人——实际上是欧洲人——的心理需要，他们的经历严格远离了传授给他们的规则。换句话说，公共幸福最好是由追求私人收益的每个人提供的，这种观念没有为新生的资本家阶级发挥自我光荣的功能：它也实施更具压力的需要来释放许多所谓的"征服性资产阶级"经历的敏锐的罪恶感情。事实上，这些"征服性资产阶级"长期接受的是非资产阶级的道德信条。

而且，一旦公务人员在伪善的控诉——即公共行动主要是自我服务的这样一种控诉——下退缩，私人生活的转变就可以被视为是向现实、诚挚甚至谦卑的运动。就像公共生活是从对私人生活的沉闷中释放一样，后者也提供了逃避公共努力的突发和无用的避难所。更一般地，只考虑寻求一个人的私人需要，"培育我们的花园"，就是放弃了两种孪生性的既虚假又狂妄自大而苦恼的主张——改善世界（vita activa）以及理解其法律和秘密（vita contemplativa）的主张，以及改为关注具有直接、实际用处和实用性的事务。

但是，这种谦卑的态度只是私人胜过公务人员的一个方面。私人行动优于公共行动的最终的意识形态报复在于这样一种观念，即财富的创造（私人行动的目标）最基本地优越于全球的追求，现在这可以被视为公共行动的唯一目标。与追求权力的努力不同，财富的创造被看做是所有参与者都可获胜的游戏。特别地，在经济迅速增长的时期，对私人追求的完全关注导致了对所许诺的最终对人类远古灾难成功冲击的参与——并且参与那种运动所产生的兴奋感跟抗议游行过程经历的感情一样强烈。完全沉浸在私人生活中不仅对个人而且对全社会都被感觉为一种释放性经历。当然，那种感情是美国梦或美国信条（the American dream or creed）的重要组成部分，[8] 但是，它也抓住了其他社会的本质。智者通常不倾向于赞成这个阶段——他们受到了野蛮行为、忽视更高雅追求（比如，精确地说，政治）以及其经常不考虑社会公正的抵制。但是，我已经至少发现了当代作家的一段话，这段话相当好地抓住了这种意识形态瞬间，因为其吸引力是作为不自愿的发现而出现的：

> ……当我去委内瑞拉的时候，我感到了我第一次意识到我自己国家的某种感情，这种感情是我从未发现的：一种内在于我已经经历的（在美国）物质主义和个人自我追求的理想主义。我看到，对委内瑞拉人来说，对经济发展刚刚开始的那些国家的人来说……物质消费和民主化和机会的开放——对能够抓住它们的那些人来说——确实是一种既兴奋又解放的观念。[9]

唯一的麻烦在于，我们热情的私人居民现在将会遭遇本书开头部分所提出来的各种失望。

注　释

[1]　关于传统上妇女向私人领域的驱逐，见 Michelle Zimbalist

Rosaldo, "Women, Culture and Society: A Theoretical Overview", in M. Z. Rosaldo and L. Lamphere, *Women, Culture, and Society* (Stanford: Stanford University Press, 1974), p.23ff. and Jean Nethke Elshtain, *Public Man, Private Woman* (Princeton: Princeton University Press, 1981)。

[2]　见 Garry Wills, *Inventing America: Jefferson's Declaration of Independence* (Garden City, N. Y.: Doubleday, 1978), 第 10 和 18 章。

[3]　见杜尔哥在 1778 年 3 月 12 日写给 Richard Price 的对其 *Observations on the Importance of the French Revolutionary* 进行评论的信件, in *Oeuvre* (Paris: Delance, 1810), Vol. IX, p.377。

[4]　例如, 见 Susan Rose-Ackerman, *Corruption: A Study in Political Economy* (New York: Academic Press, 1978)。

[5]　L. H. Jenks, *The Migration of British Capital to 1875* (London: Joathan Cape, n.d.), p.63.

[6]　In *Force and Freedom: Reflections on History* (New York: Pantheon, 1943), p.118.

[7]　是由 Paul Bénichou 说的, 见 *Morales du grand siècle* (Paris: Gallimard, 1948), p.155; 又见 *Passions and Interests*, p.11。

[8]　David M. Potter, *People of Plenty* (Chicago: University of Chicago Press, 1954).

[9]　Lisa Peattie, "Cuban Notes", *Massachusetts Review* (Autumn 1969), pp.673—674.

结　论

　　回到以前公务人员的私人追求，我完成了整个循环。但是，还要给出几点总结性评论：人们在经过这些循环然后停下来时，不能够揭露人类的这种愚蠢方式。然而，我故事的道德是什么？事实上，在其中淹没得不太深影响了一定数量的道德化。然而，在搁笔之前，我托称，我比写过这个主题的最早期作者在目的上更加不道德。许多滔滔不绝地讨论人类行为的幻想性空头理论家和哲学家，是从关于现实生活（vita activa）和精神生活（cita contemplativa）比较优点的讨论开始的，如果具有推荐一种特定的生活风格为上帝最喜欢这种目标的话，一般都会这样做，从社会的观点看这是最想要的，并且对自己是最有回报的。仅仅是因为我已经避免了完全认可任何一种特定的风格，我就能够集中于从一个风格到另一风格的变化。我已经尽力培养了弱点和相反风格力量的移情，并且结果是，我的观点随着我的故事的不断叙述而改变：首先，关于此前的私人消费导向的公民，我汇集了我能够找到的支持向公共行动转变的最强有力的观点，并且在后面对于向相反方向的转变，我也是这样做的。

现在，我一直相信，从一种风格到另一种风格的变迁模式不仅不可避免，而且完全有效和可以得到，因此不存在最好的方式。这里，我在完成一个很小但很好的事业。传道书（Ecclesiastes）指出，有时间种树，就有时间连根拔除。还存在一种相关的舞台观念，通过它生活必定或者理想化地过去：克尔恺郭尔（Kierkegaard）区分了感觉、伦理和宗教舞台，印度教放弃了并非完全不同的舞台连续过程或者在宗教老师（guru）的指示下放弃了从学生到积极的全世界住户的分隔，从世界中抽身出来，并最终全身心地投入到精神要求中。印度教的观念是，在我们生活的不同时间，它可能适合采用在某些点上不同的生活风格，这一点是埃里克·埃里克森（Erik Erikson）在比较所谓的"犹太教与基督教所共有的责难中几乎完全是报复性的千篇一律——由于这些责难，我们通过形成一种连续的几乎是从摇篮到坟墓的美德而获益或者失去救助"时所认可的。[1]

除了从一个阶段向另一个阶段的运动，人们已经注意到个人或集团受制于简单的摇摆运动。大概 40 年前，自由主义与保守主义之间一个相当平常的替代——每个阶段持续 15 至 20 年——被发现是美国独立以来政治的一个明显的积极特征。[2] 同样，公共生活和私人生活之间的向前或向后运动对个人与对社会总体一样可能是有益的。但是，这种摆动明显过于夸张。这是我们社会的事实，是隐含在我们故事中的道德化主张。西方社会好像注定要经历长期的私有化过程，其间，他们经历了一个贫乏的"公共含义萎缩期"，紧接着几乎不可能是建设性的间歇发生的"公共性"爆发。关于这种萎缩和随后的间歇能做些什么呢？我们如何才能像深入我们日常生活的"真正公共庆典"一样再次引入对公共事务的稳定关注？[3]我们如何学习热情地关注公共事务，而没有注定失败和大规模失望的狂暴和千年期望？[4]

　　作为现代社会标志性特征和问题，甚至是苦恼的私人事务和公共事务的分离，是几个这种分离的唯一一个。例如，在工作和爱之间存在共性，这是最初由弗洛伊德提出来的二分法，最近它得到了社会科学家和心理学家集团的发展。[5]工业社会倾向于导致有效表达因素的空虚工作，并使其成为一种纯粹的工具性关系：你为了赚钱而工作——因此工作就被纯粹想象为是为了得到全部的独立收益而发生的成本。另一方面，爱位于有效关系的二分法之中，它在意识中被认为是完全可表达的，也就是说，是为了他们自己的利益而实施的，没有任何的效用想法超越于排除了爱之行为的行动。一位有影响力的社会学家采用这些术语写下了盎格鲁—美国社会中工作—爱的极端情形，他发现"几个世纪以来，这种文化的对立构成了西方思想结构的主流，并且限制了人类存在困境之道德和心理解决方法的数量"[6]。就像私人—公共的分离，工作和爱之间的分离因此被认为是乏味的、徒劳的。但是，正如所有这种基本的极端所表明的，辨明它们和批评它们比得出如何解决它们的"建设性"提议——即如何将又矮又胖的人放在一起——容易得多。当然，我们可以看到作为这种调和一部分的基本要素。例如，更大数量的工作参与既有助于结束工具——表达的划分，也有助于公共——私人分离：这种参与提高了工作满意——使工作更不具有纯粹的工具性——并且也将公共因素引入到私人工作努力中。

但是，本书不是勾画这样一个社会蓝图的地方：相比于当前的社会，私人领域和公共领域更不具有清晰的界限，更容易相处在一起。我感到，在某种程度上，通过充分考虑可观察行为的广泛波动——从完全的私有化到完全参与公共事务以及相反，我已经对这个任务作出了贡献，或者说，我已经构造出来。更好地理解人类行为意味着，至少在某种程度上是为了控制它。这并非意味着更加直接的矫正没有阐明或不能够设想。然而，那个任务属于不同的著作，并且非常幸运的是，其他人已经将其列入他们的研究日程。

但是，我不阐述我研究的局限性，我将指出其潜在的可能方向。在解释从私人导向的生活向公共生活转变以及相反变动的过程中，失望观念给我提供了一种重要的机制。失望意味着某种预先的错误决策或选择，并且在某种意义上，我的故事在于阐明了一种连续发生的而非大规模的错误，并且不确定没有失望的状态能否可以实现。就这个观点来看，这个故事不是基于已接受经济理论的"理性主体"，而是基于远未完全的主体。另一方面，我只提出了强调我故事的人类类型的对立面：他们优于"理性主体"，因为他们可以设想不同的幸福状态，能够为了实现另一个而超越一个，因而能够避免基于单一稳定偏好序列的持续操作的乏味。非常类似地，我们行动者的这些更加高尚更加丰富的特征与他们办糟事和办错事的方式密切相关。对我的研究而言，考虑这种复杂性非常重要；并且我怀疑，放弃社会生活的其他方面也是有帮助的，而且变得更加可以理解了。

注　释

[1]　*Ghandi's Truth*（New York：Norton，1969），p.37.

[2]　Arthur M. Schlesinger（Sr.），"Tides of American Politics"，*Yale Review* 39（Dec. 1939），pp.217—230. 采用"Tides of American Politics"这个标题的一个修正版本见 Schlesinger，*Paths to the Present*（New York：Macmillan，1949），第 4 章。出于对其父的正当信任，Arthur M. Schlesinger 在其更近的一些作品中，利用了美国政治学中政治周期这个主题；例如，见"Is Liberalism Dead？"*New York Times Magazine*，March 30，1980，p.73ff。

[3]　这个和接下来两个句子中引用的这些词语来自 Charles Yaylor，*The Pattern of Politics*（Toronto：McClelland and Stewart，1970），p.123。

[4]   沿着这些思路的敏感观点见 Glenn Tinder, *Community: Reflections on a Tragic Ideal* (Baton Rouge: Louisiana State University Press, 1980), 第 9 章。

[5]   Neil J. Smelser and Erik Erikson, eds, *Themes of Work and Love in Adulthood* (Berkeley: University of California Press, 1980).

[6]   Neil J. Smelser, *Themes*, p.108.

术语与人名对照表 *

addiction 沉溺

Addiss, Penny 阿迪斯，潘尼

Agulhon, Maurice 阿古洪，莫里斯

Akerlof, George 阿克洛夫，乔治

Almond, Gabriel A. 阿尔蒙德，加
布里埃尔 A.

Arendt, Hannah 阿伦特，汉娜

Arrow, Kenneth J. 阿罗，肯尼思

automobiles 汽车

Barry, Brian 巴里，布赖恩

baubles：see trinkets and baubles 小
玩意：小饰品和小玩意（无关
紧要的事）

Baudeau, Nicolas 博多，尼古拉斯

Baudelaire, Charles Pierre 鲍德莱
尔，查尔斯·皮埃尔

Baudrillard, Jean 鲍德瑞莱德，珍

Becker, Gary 贝克尔，加里

Bell, Daniel 贝尔，丹尼尔

Bénichou, Paul 本尼修，保罗

Berger, Marilyn 伯杰，玛里琳

Blake, William 布莱克，威廉

boredom 疲倦

Brown, John 布朗，约翰

Buchanan, Allen 布坎南，艾伦

Buddhism 佛教

Burckhardt, Jacob 伯克哈特，雅各
布

Carlyle, Thomas 卡莱尔，托马斯

chétives merchandises 商品

cognitive dissonance theory 认知不
一致理论

collective action 集体行动

collective behavior：changes in 集体
行为：变化

comfort 舒适

---

* 人名根据《英语姓名译名手册》（新华通讯社译名资料组编，商务印书馆 1985 年
版）译出。

Fussell, Paul　富塞尔，保罗

Galbraith, John Kenneth　加尔布雷思，约翰·肯尼思

Gambetta, Léon　盖姆贝特，莱昂

Germani, Gino　基曼尼，基诺

Gershuny, J. I.　基舒尼，J. I.

Ginzburg, Carlo　金茨堡，卡洛

Grana, César　格兰纳，塞萨

happiness: constituents of　幸福：……的因素

Hare, Thomas　黑尔，托马斯

Hare system of proportional representation　比例代表制的哈尔体制

health services（medical services）卫生服务（医疗服务）

hiding hand principle　隐蔽之手原则

Hinduism　印度教

Hirsch, Fred　赫希，弗雷德

Hollander, Samuel　霍兰德，塞缪尔

Holmes, Stephen T.　霍姆斯，斯蒂芬 T.

Huard, Raymond　瓦尔，雷蒙德

Inglehart, Ronald　英格尔哈特，罗纳德

Invisible hand　看不见的手

Jefferson, Thomas　杰斐逊，托马斯

Jeffrey, Richard　杰弗里，理查德

Jenks, L. H.　詹克斯，L. H.

job satisfaction　工作满意度

Johnson, Samuel　约翰逊，塞缪尔

Jouvenel, Bertrand de　茹弗内尔，贝特朗·德

Kant, Immanuel　康德，伊曼纽尔

Karamzin, N.M.　卡拉姆津，N.M.

Kierkegaard, søren　克尔恺郭尔，瑟伦

Kim, Jae-On　基姆，珍-昂

Kolakowski, Leszek　考拉考斯基，莱斯克

Kolm, Serge-Christophe　考尔姆，辛格-克里斯托弗

Kondratieff cycle　康德拉基耶夫周期

Krier, James E.　克里尔，詹姆斯 E.

Kuhn, Reinhard　库恩，莱恩哈德

Lane, Robert E.　莱恩，罗伯特 E.

Language usage　语言的使用

Leed, Eric J.　里德，埃里克 J.

Leff, Arthur A.　莱夫，阿瑟 A.

Leibenstein, Harvey　莱本斯泰因，哈维

Leopardi, Giacomo　列奥帕蒂，基考莫

Lever, Janet　利弗，珍妮特

图书在版编目(CIP)数据

转变参与:私人利益与公共行动/(美)艾伯特·
O. 赫希曼(Albert O. Hirschman)著;李增刚译. —
上海:上海人民出版社,2023
书名原文:Shifting Involvements:Private
Interest and Public Action
ISBN 978 - 7 - 208 - 18133 - 5

Ⅰ.①转… Ⅱ.①艾… ②李… Ⅲ.①社会行为学-
研究 Ⅳ.①C912.68

中国国家版本馆 CIP 数据核字(2023)第 035691 号

责任编辑 钱 敏
封面设计 路 静

转变参与:私人利益与公共行动
[美]艾伯特·O. 赫希曼 著
李增刚 译

出 版 上海人民出版社
 (201101 上海市闵行区号景路 159 弄 C 座)
发 行 上海人民出版社发行中心
印 刷 上海盛通时代印刷有限公司
开 本 890×1240 1/32
印 张 6
插 页 5
字 数 109,000
版 次 2023 年 5 月第 1 版
印 次 2023 年 5 月第 1 次印刷
ISBN 978 - 7 - 208 - 18133 - 5/D·4077
定 价 52.00 元